国宝流浪记

项木咄 著

杨杰 绘

华龄出版社
HUALING PRESS

图书在版编目（CIP）数据

国宝流浪记 / 项木咄著；杨杰绘 . -- 北京：华龄
出版社 , 2024.6
　ISBN 978-7-5169-2697-0

　Ⅰ . ①国 … Ⅱ . ①项 … ②杨 … Ⅲ . ①历史文物－中
国－通俗读物 Ⅳ . ① K87-49

中国国家版本馆 CIP 数据核字 (2024) 第 013336 号

策划编辑	李　佳　刘禹晨		**封面设计**	王柿原	
责任编辑	高志红		**责任印制**	李末圻	

书　　名	国宝流浪记		作　　者	项木咄	
出　　版	华龄出版社 HUALING PRESS		绘　　画	杨　杰	
发　　行					
社　　址	北京市东城区安定门外大街甲 57 号		邮　　编	100011	
发　　行	（010）58122255		传　　真	（010）84049572	
承　　印	文畅阁印刷有限公司				
版　　次	2024 年 6 月第 1 版		印　　次	2024 年 6 月第 1 次印刷	
规　　格	889 mm×1194 mm		开　　本	1/32	
印　　张	8		字　　数	154 千字	
书　　号	ISBN 978-7-5169-2697-0				
定　　价	88.00 元				

引言

2023 年，一部叫作《逃出大英博物馆》的短剧火爆全网，故事用拟人的方式讲述了一盏收藏于大英博物馆的"中华缠枝纹薄胎玉壶"化身少女，并在一位中国记者的帮助下，踏上归家之旅。在故事的最后，"小玉壶"掏出了一叠用毛笔写的家书，此时画面中响起了此起彼伏的文物沉吟之声，激荡起了无数观众内心最深处的情感。

大众期盼国宝归家的殷切之情，是我写这本书的直接动因。

有媒体报道，全世界 47 个国家的 200 多家公、私博物馆，收藏了 167 万件中国文物，而这只是流失的中国文物的 20% 左右，私人收藏是博物馆藏的 4 倍之多！中国流失文物数量之多，堪称世界之最，以至于有人说，中国最精美的文物，并不在国内，而是在国外……

不过在本书中，我无意向大家一一罗列究竟有哪些文物流失海外，而是选择了 10 个最有代表性的出土文物的历史现场，详细讲述这些文物是如何从原生地一步步流落到异域的。

从被发现到流失海外，它们经历了哪些鲜为人知的事情？

1860 年，英法联军攻入北京，古都遭遇了前所未有的浩劫。他们抢劫并焚毁了"万园之园"圆明园，将园内的贵重物品劫掠一空。

自此以后，圆明园废墟就成了所有中国人心中永远的痛，而将流失海外的圆明园十二兽首团聚，也成了无数国人最深切的期盼。

圆明园的这场灾难，拉开了以掠夺中国文物为主要目的的帝国主义"狂欢"序幕。接下来，一大批外国探险家、地质学家、考古学家来到中国腹地，开始了一次又一次探险。敦煌、黑水城及新疆龟兹地区的各大石窟，都留下了这些人的掠夺痕迹。

与此同时，一些中国古董商闻到金钱的味道，也纷纷加入到将中国文物倒卖到国外的行列中来。这其中的代表是大名鼎鼎的卢芹斋。他成功地将昭陵六骏中的二骏"飒露紫"和"拳毛䯄"运到了国外，并以12.5万美元的价格出售给了宾夕法尼亚大学博物馆，成了该馆的永久收藏。

除了古董商的大肆倒卖活动，当时各地的军阀更是在光天化日下盗墓。1927年，陕西军阀头子党毓琨为了筹集军费而大肆敛财，组织一帮挖宝大军，动用上千名民工，花了八个月时间把宝鸡凤翔戴家湾的古墓挖了个底朝天，最终出土了无数文物。后来，党毓琨被宋哲元击毙，新中国成立后这批文物才回归国家。但更多的文物则是经由日本山中商会、上海卢吴公司、纽约古玩商戴运斋等人的多次倒卖，最终散落到世界各地，成了欧美各大博物馆和收藏家的珍藏。

就在党毓琨疯狂盗墓的同时，距离宝鸡几百公里之遥的太原天龙山石窟，也在经历着一场劫难。日本著名古董商山中定次郎看上了这里的佛像，他买通了寺庙的住持，并雇佣了一批村民将佛像、菩萨、飞天一尊一尊地凿下来，并经由北京运往了日本，成了山中定次郎古董帝国的重要组成部分。

再后来，国民政府于1930年颁布了第一个文物法规《古物保存法》，规定地下文物均属于国有，并要求文物仅限于国内流通，如果要出国则需要报中央古物保管委员会及教育部、内政部核准，颁发出境护照，并必须在两年内归还原保存处。在这一系列严格的规定之下，国内的文物盗掘、买卖之风有所收敛，但仍有人在利益的诱惑下不惜铤而走险。

龙门石窟是我国的艺术瑰宝，其中的宾阳洞是北魏宣武帝元恪为父母孝文帝和文昭皇后祈求冥福而开凿的石窟。为纪念父母，北魏宣武帝在宾阳中洞的岩壁上分别雕刻了《孝文帝礼佛图》和《文昭皇后礼佛图》。1934年，纽约大都会艺术博物馆东方部主任普艾伦委托北京琉璃厂古董商岳彬，将《孝文帝礼佛图》一点一点凿刻下来，并在修复之后运送到了美国。

到了1942年9月，历来"土夫子"盛行的长沙地区也出了件大事。一个楚国墓葬被盗，出土了一件楚国帛书，此帛书记录了古人的宇宙观与宗教观，号称"中国最古老的帛书"。然而，如此无价之宝，却被有心觊觎的美国人柯强以"连蒙带骗"的方式，不费吹灰之力带到了美国，最终成了美国博物馆里的陈列品。

……

读罢本书，你就会发现，这些文物流失海外的背后，是一个由外国探险家、古董商、盗墓贼、外国收藏家及军阀政客交织而成的庞大交易网络。在这个复杂网络里，只要有买卖、有需求，就会有掠夺、有盗掘，贪婪、欺诈乃至于暴力是其中的常态。我将文物流失背后的这些历史细节逐一呈现出来，就是想让大家明白，这一切的过错并不在于文物本身，而在于文物背后的那些人。

　　当然，更重要的，是为了这些不能忘却的历史。

　　只要我们不忘掉，这些国宝就有回来的可能。

目录

国宝流浪记

昭陵六骏

我国古代帝王陵墓，大致可以分为两种：一种是低调型，不树不封，就是不想让你找着。另一种是奢华型，要么有高大的封土堆，例如秦始皇陵；要么因山为陵，例如唐高宗李治与武则天合葬的乾陵；要么是在地宫上砌筑高大的宝城，例如北京的明十三陵。

　　这些奢华型的帝陵，不光有墓葬，还得配备一些地面建筑，其中最具代表性的就是神道。神道，其实就是供死者灵魂和神仙行走的道路，两边通常会整齐地伫立着各种石雕人物、动物，显得非常庄严、神圣。接下来要给大家介绍的，就是唐太宗昭陵神道上的六匹战马浮雕——国宝昭陵六骏。

　　如今很多人去西安旅游，都会将碑林博物馆纳入必去的景点。在碑林博物馆，我们就可以看到昭陵六骏，只不过，六骏只剩下四骏真迹，其中二骏是复制品。那这两匹骏马去哪儿了呢？一百多年前被文物贩子卖到美国去了，现在收藏于宾夕法尼亚大学博物馆（后面简称宾大博物馆），成了该博物馆的镇馆之宝。至于国宝是如何流失海外的，自然是一段非常曲折的故事。

昭陵六骏，西安碑林博物馆

昭陵六骏的来历

在讲述国宝故事之前，有必要先和大家聊一聊昭陵。昭陵是唐太宗李世民与文德皇后长孙氏的合葬陵墓，位于现在的陕西省咸阳市礼泉县烟霞镇九嵕山上。从唐贞观十年（636），文德皇后长孙氏首葬，到唐玄宗开元二十九年（741），昭陵持续建设了105年之久，一共有180余座陪葬墓，是我国古代规模最大的帝王陵之一。

另外，昭陵还有一个创举。它不像汉代的帝王陵墓那样，平地起巨大封土堆，再把陵墓建在地下。昭陵采用凿山建陵，开创了"依山为陵"的先河，此后唐代的帝王陵，大都延续了这样的规制。

那么，唐太宗为什么要"依山为陵"呢？民间有个特别有意思的传说，最先盯上九嵕山这块风水宝地的，并不是唐太宗，而是汉武帝刘彻。但当汉武帝的谋士东方朔考察了一番九嵕山后，坚决反对在这里建造陵墓。他对汉武帝说："陛下，选陵址主要看三个因素：一是龙，也就是看山脉，观察山脉的走向；二是砂，看主山和周围山之间的关系；三是水，看水的流向与山形的关系。你看啊，这九嵕山，从东南方向看过去，就像一座笔架，中间高、两边低。如果陛下选陵址，肯定是选中间的主峰。那么问题来了，这三座山峰高低不均，象征着陛下之前和之后的帝王弱势，难道陛下不希望自己的后代青出于蓝而胜于蓝吗？另外这九嵕山的水向也不佳，它前有渭河，后有泾水，割断九嵕山龙脉，这意味着国势不兴啊！"

汉武帝一听，立马放弃了在九嵕山造陵的念头。

到了唐太宗时期，他命令李靖替自己选陵址。李靖来到九嵕山考察，只见这九嵕山三峰相连，中峰突兀，其余两峰低矮不平，把李靖吓了一跳，因为当时李靖就已经通过《推背图》

九嵕山

唐太宗昭陵

预言到了唐王朝之后的命运，这九嵕山的山势不正象征着唐朝的国运吗？

因此，李靖打算将陵址选在这里。不过他也明白，李世民听说过汉武帝与九嵕山的传说，如何将故事说圆呢？李靖想出了一条妙计。他对唐太宗说："陛下，您要的陵址，我帮您选好了。"

唐太宗问："在哪儿？"

"九嵕山。"

唐太宗吓一跳，心想李爱卿你这是耍我呢，你难道不知道汉武帝的故事吗？李靖似乎已经看穿了唐太宗的心思，他进一步说："臣也知道汉武帝的故事，但是汉武帝怎么能和陛下相提并论呢？再者说了，汉武帝选址是在山下选，而我认为陛下应该依山而建，这样气势才雄伟。另外，汉武帝在选址的时候，没有意识到穴址的重要性，而穴址也是风水要素之一。九嵕山是风水宝地，不足就是与周围山势有隔断，但比周围山势高出不少，可以一览众山小。九嵕山帝气内聚，周围山不沾王气，再说陛下陵在中峰，既可俯视周围众山，又可远眺长安，天下都在陛下荫护之中。"

唐太宗被说服了，最终把陵址选在了九嵕山上。不过这故事也就一个传说，不足为信，大伙儿听个乐呵儿就行。说这个故事是为什么呢？说明这唐太宗，对自己的陵址非常关注，所以放在陵墓边上的东西，也都是唐太宗非常珍视的。

比如昭陵六骏，就是唐太宗生前最喜欢的六匹战马。这六匹战马曾经跟着他一同出生入死，征战沙场。唐太宗还亲自给这六匹马取名。

第一骏，名叫特勒骠，是一匹毛色黄里泛白的战马。"特勒"

昭陵六骏旧照

在突厥语中是一种官职的名称，特勒骠有可能是突厥某特勒所赠。唐王朝建立初期，战事频仍，百废待兴，盘踞在马邑（今山西省朔州市）、定襄郡（今内蒙古呼和浩特附近）一带的刘武周集团蠢蠢欲动，意图中原。很快，山西境内大部分地区被刘武周所控制，直接威胁到关中安全，长安告急。在此危急关头，当时还是秦王的李世民主动率兵前去御敌，并在柏壁（今山西省新绛县西南方向）与刘武周部将宋金刚的军队正面交锋，最终李世民大败敌军，取得胜利。而平定宋金刚这一战，李世民所骑战马就是特勒骠。

第二骏，名叫青骓。骓的意思，就是毛色青白相杂的马。自唐朝武德三年（620）起，李世民在洛阳、虎牢关分别击败了王世充军、窦建德军，为李唐一统天下奠定了坚实的基础。当时李世民所骑坐骑，正是青骓。

第三骏，名叫什伐赤，也是李世民征战虎牢关时乘骑的战马。该马浑身毛色赤红，驰骋急奔之时，就连身上的汗水都呈红色，因此又有"汗血宝马"之说。"什伐"正是波斯语中的"骏马"的意思，可见"什伐赤"应该是一匹来自波斯的战马。

第四骏，名叫飒露紫。所谓"飒露"，在突厥语中是勇健的意思。在讨伐王世充的关键战役中，李世民身骑"飒露紫"，率领贴身随从十多人，挥刀杀入敌阵。由于战争太过惨烈，飒露紫被一箭射中前胸，岌岌可危。关键时刻，李世民帐前大将丘行恭冒死冲了过来，并把自己的战马让给了李世民，自己则贴身护驾，帮助李世民突出重围。

第五骏，名叫拳毛䯄，为李世民平定刘黑闼时所乘。据说这场战争非常惨烈，拳毛䯄最后身中九箭而亡。在汉语中，"䯄"指的是长着黑色嘴巴的黄马，"拳毛"就是说这匹马一身卷毛。

最后一骏，名叫白蹄乌。顾名思义，这匹马的身子是黑的，唯独四个蹄子是白色的。它是李世民率领军队与薛仁杲集团在浅水原（今陕西省长武县东北方向）作战时的坐骑。

这六匹骏马全是唐太宗的心头好，所以在决定要给它们造浮雕的那一刻起，李世民就非常重视，事必躬亲。贞观十年（636），李世民下了一纸诏书，命令当时的大画家阎立本先画出六骏的手稿。等阎立本画完六骏之后，唐太宗再命令工匠把它雕出来。

为了体现出浮雕的庄重，李世民让工匠把浮雕雕得很大，有多大呢？每一匹大概有一米七高，两米宽，单块浮雕有好几吨重。就这样，李世民还嫌不够，他亲自赋诗六首，一匹马一首诗，组成了《六马赞》，并让当时著名的书法家欧阳询一笔一画地誊抄下来。

李世民亲自题写的《六马赞》内容为：

特勒骠：应策腾空，承声半汉。天险摧敌，乘危济难。
青　骓：足轻电影，神发天机。策兹飞练，定我戎衣。
什伐赤：瀍涧未静，斧钺申威。朱汗骋足，青旌凯归。
飒露紫：紫燕超跃，骨腾神骏。气詟三川，威凌八阵。
拳毛䯄：月精按辔，天驷横行。弧矢载戢，氛埃廓清。
白蹄乌：倚天长剑，追风骏足。耸辔平陇，回鞍定蜀。

这又是李世民亲自题写，又是大画家、大书法家绘制、誊抄，所以昭陵六骏从诞生的那一刻起，就代表了中国古代雕塑艺术的最高峰，引发了不少关注。杜甫曾写诗赞叹过六骏中的拳毛騧："昔日太宗拳毛騧，近时郭家狮子花。"宋代张耒曾作诗慨叹："天将划隋乱，帝逢六龙来。森然风云姿，飒爽毛骨开。飙驰不及视，山立俨莫回。长鸣驰八表，扰扰万驽骀。"

之后，昭陵六骏一直伫立在唐太宗的陵墓前，默默守护着自己的主人，千百年来未曾改变，直至民国这个乱世。它们，被一群不怀好意的人盯上了。

袁家花园与二骏

1912 年 3 月，袁世凯就任临时大总统，他以光复西安有功，授予了张云山陆军中将头衔，补秦军第一镇统制职，相当于陕西的头号人物。张云山是陕西西安人，平时喜欢附庸风雅，好搜集古董字画。官做大了之后，他就开始膨胀了，觉得唐太宗的昭陵如今早已破败不堪，但是这神道上的六匹骏马浮雕，整得还挺好，很有气势，要是运到自己府上，当个摆件，肯定很气派。

他先挑了两匹自己最满意的马——飒露紫和拳毛騧，偷偷地拉到了自己的府邸。但没想到，这官场险恶，仅仅过了一年，陕西的地方势力洗牌，袁世凯让张云山走人，换了心腹陆建章来做陕西督军。陆建章上任之后，把张云山搜刮来的财物掠夺一空，就这样，飒露紫和拳毛騧落到了陆建章手里。

花开两朵，各表一枝，我们先将视线转到大洋彼岸的美利坚。

当时，宾大博物馆东方部接受了一笔捐赠，因此馆方派了一位叫毕士博（C.W.Bishop，1881—1942）的美国人到中国来调查文物，看能否扩充一下本馆馆藏。

毕士博出生于日本东京的一个传教士家庭，1898年回到美国，又于1913年获得了人类学的硕士学位。因为从小生活在日本，毕士博对东亚文化非常感兴趣。这次受到宾大博物馆的委托来中国寻宝，他立马想到曾经在一本欧洲人编的《世界名马图》中，看到过昭陵六骏之一的"飒露紫"，高超的浮雕工艺一下子就吸引了他。这次有机会去中国，毕士博心想，怎么着也得把这宝贝给弄到手。

1914年秋，毕士博来到中国。在北京，他结识了一个叫赵鹤舫的古董商。赵鹤舫原本是个普通人，15岁就进了琉璃厂寄观阁当学徒。那时候的寄观阁是北京有名的古玩铺，一些达官贵人常常出入寄观阁淘宝。赵鹤舫人很机灵，嘴巴又甜，不久就被某翰林的姨太太相中，给了他不少钱，他便利用这笔钱在上海开了家古玩店。1912年，赵鹤舫回到北京，在琉璃厂开了遵古斋，并结识了袁世凯家的二少爷袁克文。自那以后，赵鹤舫就经常出入袁家府邸，古董生意也越来越红火。

袁克文

认识了毕士博后，赵鹤舫瞅准了他是个大买家，天天带他在北京吃喝玩乐、花天酒地，下足了血本。果然，有一天毕士博向赵鹤舫打听飒露紫的事情了。赵鹤舫还真不知道这马什么来历，不过没关系，买卖古董的人脉都很广，他托人稍加打听，就把这飒露紫给打听出来了。在哪儿呢？就在咱们前面说的，西安陆建章的府邸上。不过这陆建章大小也算是个地方豪强，家里有钱，所以从他手上买这飒露紫，估计是不太可能。明抢的话，就更不可能了，人家的武装力量可以直接把你打成筛子。

怎么办呢？赵鹤舫这人聪明，他想到了一个绝妙的主意。原来，一心想称帝的袁世凯此时正筹备建造自己的私家花园，他让自己的二公子袁克文全权负责营造事宜。父亲交代的任务，袁克文自然是尽心尽力操持，很快花园如期建好。但美中不足的是，整个花园少一两件镇园之宝，无法彰显袁家的尊贵气质。

就在这时，赵鹤舫给袁克文提了个建议：听说陕西督军陆建章的府上，有两块巨大的骏马浮雕，非常有气势，要是能拿来摆放在花园里，肯定能给花园增色不少。

袁克文一听，觉得很有道理，于是给陆建章递了个话。陆建章曾经出任过总统府警卫军参谋官，是袁世凯的爱将。他一看到袁大总统儿子的亲笔信，不敢有半点马虎，立即就将二骏肢解装箱，派兵护送到了北京。为了让二骏能够顺利达到北京，袁家还提供了特别印章。因此，如今保存下来的文物运输文件上还留有袁家的印章，这是二骏曾经被运往北京的证明。

不过，人算不如天算，二骏还没来得及送到袁家花园，1916年6月6日，袁世凯因尿毒症不治身亡，一命呜呼。最大的靠山死了，袁家成了人人喊打的过街老鼠，袁克文不得已只能将拳毛騧和飒露紫转卖给赵鹤舫，换取一些现金急用。

赵鹤舫终于如愿以偿拥有了二骏。但问题是，毕士博并没有渠道和能力把文物运出国。无奈之下，赵鹤舫只能另寻买主。这时候，远在法国的卢芹斋（C.T.Loo，1880—1957）听到了二骏的消息，立刻联系赵鹤舫，说："别找了别找了，这二骏，我要了！"

至此，把二骏贩卖到美国的关键人物——卢芹斋终于登场。

古董大鳄卢芹斋

卢芹斋

卢芹斋是 20 世纪中国最著名的古董商，没有之一。从他手上卖出的国宝文物不计其数，但最著名的就是这二骏。

1880 年，卢芹斋出生于浙江省北部一个叫卢家兜的小山村，真名卢焕文。卢焕文家境贫寒，从他记事起，父亲卢金志不是躺在家中炕头抽大烟，就是在打麻将，而且总是输得身上只剩一条裤衩。母亲为了维持生计，没日没夜在田里做农活，要养家，还要填补丈夫的窟窿。最终，母亲受不了生活的重压，选择上吊自尽。不久之后，父亲也一命呜呼了。这下卢焕文成了孤儿。

不过，跟爽文小说里的男主角一样，卢焕文拿到的是一个逆天改命的剧本。成了孤儿之后，卢焕文过继给了远房堂叔卢梅春，但卢梅春家也不是很殷实。于是，卢焕文决定离开家乡出去闯一闯。他来到了非常富庶的鱼米之乡南浔，并幸运地进入了南浔张家，成了一个小工。

南浔所在的湖州地区，是江南有名的养蚕之地。据《元和郡县志》记载："湖州外开贡丝布。"由此可见，早在唐开元年间，湖丝已成为贡品，并成为一大产业。而南浔的辑里湖丝又是湖丝中的佼佼者，清道光年间的诗人董蠡舟在《蚕桑乐府》中赞道："蚕事吾湖独盛，一郡之中，尤以南浔为甲。"在得天独厚的条件下，南浔人以经营蚕丝发家，逐渐出现了一大批富甲一方的富商，当地人称之为"四象八牛七十二金狗"，家产在一百万两白银以上，但未达到五百万的，称为"狗"；家产在五百万两白银以上，但未达到千万的，称为"牛"；而家产达千万两白银以上的，则称之为"象"。

张家，就是这"四象"之一。

19 世纪中叶，张家出了个叫张颂贤的经商天才，他做的是生丝贸易和盐业，这两个行业，大家懂的都懂，全都是暴利行业。结果到 1892 年张颂贤去世的时候，他给张家留下了一千万两白银的家底，当时一个普通百姓一年都挣不到 40 两白银，这相当于 25 万个普通人一年的收入，张家的富有可见一斑。

起初，卢焕文是厨房做饭的小伙计，后来一个偶然的机会，他又被派去做随侍，而服侍的少爷，正是张颂贤的孙子、日后位列"国民党四大元老"之一的张静江（1877—1950）。

张静江这人在民国时期也属于传奇。他在张家排行老二，从小锦衣玉食，不愁吃穿。21 岁的时候，父亲花了 10 万大洋给他捐了个二品候补道衔的虚职，就这样莫名其妙地成了晚清最后一批官员。

不过，张静江不是个墨守成规的人，他从小喜欢行侠仗义，并且

张静江

很早就受到了革命思潮的影响。父亲对张静江的反叛思想有所察觉，担心他出事，决定送他出国去避避风头。1902年，张静江轻轻松松拿到了中国驻法国公使商务参赞的职务，在父亲的安排下，准备出使法国。

当然了，张静江一个人去可不行，异国他乡的，总得有人来照顾他的生活起居。于是，年轻力壮又熟悉少爷生活习惯的卢焕文成了最佳人选。

经过一个多月的舟车劳顿，张静江一行终于在1902年底抵达法国。在陌生而又充满机遇的新环境里，张静江如同脱缰的野马，把自己家的创业天分发挥得淋漓尽致。1903年，他拿着父亲资助的30万银元，在巴黎的马德兰广场开办了通运贸易公司，主营中国货的进口贸易。

公司新开张需要人手，张静江就让一直服侍自己的卢焕文来打下手。就这样，卢焕文摇身一变，从仆从变成了雇员，也正是在这个阶段，卢焕文接触到了中国古董。他对中国的陶瓷、漆器、青铜器非常感兴趣，经常一抓住机会，就去摆弄、研究那些宝贝。

一开始，通运公司什么都卖，茶叶、丝绸、古董，只要是中国特色，都运到巴黎来卖。可是当时法国的顾客并不太熟悉中国的产品，所以光顾者寥寥无几。而在所有品类中，古董是卖得最好的，张静江敏锐地察觉到了这一点，立马重新规划公司业务，决定主攻古玩市场。

这一招果然奏效，通运公司的生意开始好了起来，赚起了大钱，而且还是一本万利的那种。据说当时一只宋代的白瓷碗，从山西以10块大洋，也就是1.5美元的价格进货，再运到巴黎，最终以1万美元的高价卖出。还有一尊陶瓷观音，通运公司的进价是 300 大洋，也就是 45 美元，最终被纽约大都会博物馆以 50 万美元的价格收购。写到这里，我算是明白了，为什么有那么多盗墓贼冒着生命危险和天下之大不韪，也要把古代墓葬挖个底朝天，这千倍、万倍的利润，谁不心动啊！

卢芹斋在来远公司

不过，通运公司的生意虽然做得红红火火，但员工没捞到一点好处，因为张静江把赚到的钱，都投到孙中山的革命事业中了。据说，张静江前前后后给孙中山投了不下 250 万美元的资金。可以这么说，没有张静江的资助，就没有之后辛亥革命的成功。正因为如此，张静江还获得了一个特别的称呼——"现代吕不韦"。

到了 1908 年，张静江干脆回国辅助孙中山的革命事业。不过，老板的格局大，不代表手底下的员工也有高涨的革命热情。卢焕文对政治一点不感兴趣，他一心只想搞钱。于是，在张静江手下摸了六年古玩后，卢焕文决定与自己的主人告别，也与过往的身份分道扬镳，他将名字改为"卢芹斋"，英文"C. T. Loo"，然后离开通运公司自立门户，在巴黎第九区泰布特街 46 号（后搬至 34 号）开了自己的第一家古玩铺子——来远公司，意为"有货自远方来"。

卢芹斋

张静江是个重情重义的人，出于交情，他让卢芹斋带走通运公司的客户联络名单。凭借着这些客户资源，来远公司一炮而红，生意越做越大。1915 年，卢芹斋又在美国纽约麦迪逊大道与第 57 街的街角开了新的古董店——卢吴公司。"卢"自然指的是卢芹斋，而"吴"则是指卢芹斋的合伙人吴启周。至此，卢芹斋的古董贩卖网络已经形成，他本人常年待在国外，负责客户沟通，北京的合伙人祝续斋和缪锡华负责收购文物，再运往上海吴启周处，最后运往巴黎或纽约。凭借着天才的生意头脑、可靠的古董来源、强大的学习能力及眼光独到的审美，卢芹斋迅速成为国际社会上数一数二的古董大鳄。

那么，卢芹斋是如何得到二骏，并将其运到国外的呢？根据现有资料，这段文物流转的过程至今仍是个谜。卢芹斋本人对此也是含糊其辞："我们是从第三方那里接手的，程序上完全合法，出手转卖给我们的人是国家最高层人物……"

有人认为是通过袁克文的关系，也有人认为是张静江的缘故，毕竟卢芹斋一生都与张静江保持着书信往来，他们不仅是主仆关系、雇佣关系，更是朋友关系。我个人觉得，卢芹斋之所以能够在中国肆无忌惮地购买文物，还能轻而易举地把文物运到国外去，或许正是靠着这一层过硬的关系。

无论如何，二骏到了卢芹斋的手上，并被他成功运出了国。手握国宝的卢芹斋，在那儿待价而沽。

时间来到 1916 年 2 月，宾大博物馆中国展厅建成，馆长乔治·拜伦·高登（George Byron Gordon）为了新展厅的揭幕展览，头发都愁白了。为什么呢？因为展览需要文物啊！高登想了一个办法，他打算邀请世界各地的古董商在中国厅展出文物，再用慈善家认购

宾夕法尼亚大学博物馆

捐赠的方式，把这些中国文物买下来。

　　这时候，高登想起了毕士博之前提到过的昭陵六骏，便托人在古董圈子里打听了一下，发现飒露紫和拳毛䯄就在卢芹斋手上。于是高登给卢芹斋写了封信："我会从博物馆的角度提出一个最佳方案，与我的同仁商讨购买（飒露紫、拳毛䯄）的可能性。"并向卢芹斋发出邀请，希望他能够携二骏来参展。

　　此时这两件珍宝已经在卢芹斋的库房吃了好几年的灰，一直没有寻觅到合适的买家。这次接到宾大的邀请，卢芹斋自然乐意参展，并表示希望借展览之机将它们出手。

　　卢芹斋不愧是最顶级的商人，在展览过程中，他发现波士顿博物馆也对二骏感兴趣，于是以此为筹码，和宾大博物馆展开了谈判，他写信给高登说："罗斯博士昨日见我，他受任使用韦宙先生的遗产为波士顿博物馆挑选艺术品。他表示只想要一块浮雕，哪怕是不带人的那块足令波士顿博物馆满意。我想贵馆能否放弃其中之一，让波士顿博物馆购买不太重要的不含人的那块浮雕？这将对我极有帮助。我相信您不会认为我故意从贵馆撤回珍贵的艺术品。"

卢芹斋的这段话非常典型地体现了说话的智慧，他没把话说死，没有说波士顿博物馆想把二骏都给收了，而只说想要其中的一骏。为什么呢？因为如果那样说的话，高登可能会把二骏都让给波士顿博物馆，而说只要一骏，就会留有余地，让高登觉得自己还有机会，而且还能激发高登的护宝之心：要买就把二骏给买全了，让它们彼此分离，实在不算君子之风。

果然，高登不愿意放弃二骏，在接到卢芹斋的信件后，立即表态愿意购买：您开个价吧。

此时卢芹斋掌握了议价权，他大口一张：不多，我只要 15 万美金。

高登倒吸一口凉气，心想这还叫不多啊？但说出去的话，泼出去的水，这时也只能硬着头皮去找富商来买单了。经过一番周折，高登果然找到了一位叫约翰逊（Elridge R. Johnson，1867—1945）的富豪，他慷慨解囊捐赠了 15 万美元。高登拿着 15 万美元，与卢芹斋一番讨价还价后，最终以 12.5 万美元成交。

如今，飒露紫和拳毛䯄已经成为宾大博物馆的永久收藏。如果大家去宾大博物馆参观，在博物馆

展厅里的飒露紫与拳毛䯄

大厅的入口处，就能看见这两件国宝。毫无疑问，昭陵六骏体现了唐代石刻艺术的高峰。工匠独辟蹊径，采用浮雕工艺刻制，体现出一种无与伦比的艺术成就。所谓浮雕工艺，是指在一定厚度的材料上预留出图形，并将非图形部分镂空去掉的一种雕刻表现手法，一般分为浅底浮雕和高肉浮雕两种。我国古代石刻艺术源远流长，溯其根源，当推两汉，其中最为经典的莫过于西汉霍去病墓前的石刻造像，它们采用传统的圆雕工艺，给人一种粗犷豪放的大气之感。之后的陵墓石刻，多采用类似的圆雕风格。但是唐太宗昭陵六骏却不走寻常路，采用减地高肉浮雕法凿刻，相比于圆雕作品，不仅省时省力，而且给人耳目一新的感觉。

　　宾大博物馆收藏的这两件浮雕，刻画非常生动。飒露紫是六骏中唯一有人物形象的，画面中牵着战马正在拔箭的人正是丘行恭，他英俊威武，身穿战袍，头戴兜鍪，腰佩刀及箭囊，做出俯首为马拔箭的姿势，生动再现了当年虎牢关战役的场景。拳毛䯄则着重刻画了战马身上的箭矢，足足有九箭之多，表明了当时李世民平定刘黑闼之战的惨烈。

飒露紫

拳毛䯄

六骏何时能团聚

讲完了二骏的归宿，我们再来看看其他四骏，它们又有着怎样的故事呢？

这又得说到毕士博这个人了。与二骏失之交臂后，毕士博实在是不甘心，于是又打起了其余四骏的主意。1918年，他回到中国，与赵鹤舫联手，在一个月黑风高的晚上，准备偷偷把四骏运走。

由于四骏的体型实在太大，为了不被人发现，也方便运输，他们把四骏敲成了很多小块，然后再装上车。可他们万万没想到，自己的一举一动，已经被当地百姓瞧得一清二楚。当年二骏遭劫，下落不明（此时大家还不清楚二骏已经流落海外），当地乡绅百姓本就憋了一肚子气，现在又发现有人打算盗走剩下四骏，这还有没有王法了？于是当地的乡绅民众集合起来，联手截住了车队，追回了四骏，并运回当时的陕西图书馆保存，在那里放了几十年。中华人民共和国成立后，陕西省博物馆（今西安碑林博物馆）接收了四骏，并对它们进行了拼合修复。1961年，石刻工艺师谢大德依照照片和拓片复制出了飒露紫和拳毛䯄，连同现有的四骏陈列在碑林博物馆"西安石刻艺术室"。

自从昭陵六骏分隔太平洋两岸后，很多人都希望它们能够再次聚首。辛亥革命元老、陕西三原人于右任老先生对昭陵六骏特别关注，早年他曾多次前往昭陵观摩六骏。1918年他回陕就任陕西救国军总司令时，得知六骏遭遇厄运，曾痛心疾首地赋诗道："六骏失群图尚在，追怀名迹感无穷。"1949年后，身在台湾的于右任曾多方奔走，极力想促成昭陵六骏的团聚。

1972 年，尼克松访华前夕，为表诚意打算送中国一件礼物，当时居美的杨振宁提议将二骏送回，使六骏团聚。但后来因为种种原因，二骏还是没有回归。

1986 年，我国著名考古学家石兴邦先生应中美学术交流委员会邀请访美。其间，他和美籍考古学家张光直先生交流，无意中谈到了海外文物的流失问题。张光直说，自己和宾大博物馆馆长戴逊是好朋友，他正试图说服戴逊将飒露紫和拳毛䯄两件藏品归还中国。于是，石兴邦特意到费城拜访了戴逊。在各方斡旋下，戴逊表示，可以归还中国，但需要用几件文物作为交换。同时戴逊还一再强调，这两件文物是宾大博物馆购买的，所谓的偷盗行为和自己压根没有关系。

回国之后，石兴邦立刻向国家文物局的领导汇报了这件事。考虑到当时的条件，文物交换确实是最可行的方式，中方决定用两尊唐代佛造像与宾大博物馆交换，一尊是一米多高的佛像，另一尊是两米多高的菩萨像。

事情本来进展顺利，可临了却横生意外。当时有个美国教授考察团访问西安，考察团里恰好有位叫凯赛尔的教授是戴逊的挚友，他随行参观了西安碑林博物馆，在看到昭陵四骏时，发现展品说明文字上写着"另外两骏被美帝国主义盗取，现藏费城宾尼法尼亚大学博物馆……"的字样，凯赛尔是个颇有些国际主义精神的人，对那些偷盗文物的人特别不耻。

回美国后，凯赛尔给戴逊写了封信，信中言辞激烈，他说："如果这是真的，我感到羞耻，请你把文物还给中国。如果不是，也请你告诉他们，希望能阻止这样的谴责。"

本来戴逊对文物来源这件事就非常敏感，现在被凯赛尔这么一批评，搞得下不来台，最终文物交换的事情也不了了之，一拖就拖到了现在。

如今，昭陵六骏能否团聚已经成为全世界华夏儿女的共同期盼。2001年10月28日，中国国家邮政局公开发行了一套《昭陵六骏》特种邮票，正是我们发出的追索二骏回归的无声呐喊。最后，让我们用一首西安当地的关于六骏回归的歌谣，来结束这一节的故事：

> 骏马骏马莫长嘶，
> 尔欣尔情尽我知。
> 待到中华复兴日，
> 再庆六骏来会师！

参考文献

[1] 谢林·布里萨克，卡尔·梅耶.谁在收藏中国[M].北京：中信出版社，2016.

[2] 罗拉·卢芹斋传[M].北京：中国文联出版社，2015.

[3] 天福，庞联昌.民国初年昭陵六骏的离散[J].大众考古，2014（8）.

[4] 马海舰，郭瑞.唐太宗昭陵石刻瑰宝[M].西安：三秦出版社，2007.

[5] 马未都.国宝100[M].武汉：长江文艺出版社，2020.

[6] 周秀琴.昭陵两骏流失始末[J].碑林集刊（八），2002.

[7] 陈文平.昭陵两骏流失海外真相新证[J].收藏，2017.

[8] 任学武.化离九十余载，昭陵六骏盼团聚[N].中国文化报，2009-07-07.

国宝流浪记——

圆明园兽首

1860 年，英法联军抢劫并焚毁了凝聚着中国人民无限智慧和想象力的圆明园。从那以后，圆明园废墟成了所有中国人心中永远的痛，而将流失海外的圆明园十二兽首团聚，也成了无数国人最执着的愿望。那么，圆明园兽首是如何流落到海外的呢？

万园之园

　　公元 1644 年，清军入关，进入北京，皇族入住紫禁城，从此中国开始姓爱新觉罗。由于清朝统治者入关以前在东北过着渔猎和农耕生活，习惯了凉爽的气候。入关后，他们对北京的气候很不适应，尤其是夏天，紫禁城就像个火炉，酷热干燥。于是，从康熙皇帝开始，朝廷就致力于寻找适合居住的地方，以达到避暑的目的。

　　找来找去，他们盯上了北京西北方向、距离皇宫 20 多公里的一块地方。那边泉水遍布，地势开阔，被称为"海淀"。1707 年，康熙皇帝在这里建了第一座离宫，并赏赐给四皇子胤禛，即后来的雍正皇帝，并亲自将这座园子命名为"圆明园"。"圆明"是雍正的法号，他自幼喜读佛典，广交僧衲，深通佛理，是个虔诚的佛教徒。同时"圆"字寓意个人品德圆满无缺，超越常人，

《圆明园四十景图之九州清晏》，法国国家图书馆藏

"明"字寓意政治业绩光明普照，因此"圆明"二字也寄托了康熙皇帝对儿子的美好期望。

1722 年，雍正继承皇位，随即开始着手扩建圆明园。他在圆明园南墙外增建了处理政务的朝堂。大宫门面阔五间，门前设大型月台。进入大宫门，主建筑是位于圆明园中轴线上的正殿正大光明殿，雍正皇帝在此上朝。正大光明殿之东为勤政亲贤殿（又称"勤政殿"），是皇帝日常办公之所。扩建后的圆明园占地规模从原来的 600 多亩变成 3000 余亩。自此，圆明园成为除紫禁城以外的又

《圆明园四十景图之镂月开云》，法国国家图书馆藏

一政治中心，雍正皇帝常年住在圆明园，只有冬天最冷的一段日子，才会搬回紫禁城住上一个月。雍正一朝几乎所有的朝堂大事，都在圆明园内处理，像什么日常上朝、生日朝贺、庆祝节日、赐宴亲藩、宴请廷臣，全都在正大光明殿举行。

由于圆明园位于京西郊区，朝中很多大臣通勤不方便，刚开始颇有些怨言；皇帝好好地在紫禁城办公不就行了吗？干吗非得跑那么远，折腾死老朽了！于是，某些大臣开始偷偷摸鱼了。雍正六年（1728）二月，御史鄂文善和曾元迈到圆明园值班，但还没到规定

《圆明园四十景图之万方安和》，法国国家图书馆藏

时间，就溜回了城里的家。

后来这件事被雍正皇帝知道了，他非常生气，决定杀鸡儆猴，遂命令鄂文善和曾元迈两人在每天日出前就要赶到圆明园宫门等候，日落之后才能回家，大大延长了他们的上班时间。从那以后，再也没有人敢无故早退了。

到了后来，许多官员为了减少每天的通勤时间，干脆在圆明园周围购置府邸，雍正皇帝也时不时将附近的一些园林赐给亲信大臣，时间一久便在海淀形成了以圆明园为主的园林景群。

既然是最心爱的园子，雍正皇帝自然是要花心思营建。圆明园的布局充满着中国传统文化的智慧，其地势西北高、东南低，和中国的地势完全契合。它的东面是一个巨大的人工湖，象征着东海，湖中有三座宫殿，是蓬莱、方丈、瀛洲三座神仙居住的仙山。西南边是皇帝处理朝政和皇室居住的地方，工作区和居住区用一个人工湖隔开，湖的形状被设计成大清疆域的轮廓。沿湖分布的九个人工岛屿，象征着九州，分别为：九州清晏、镂月开云、天然图画、碧桐书院、慈云普护、上下天光、杏花春馆、坦坦荡荡、茹古涵今。与此同时，雍正皇帝还希望自己的统治能够万方安和、天下太平，所以在后湖的西北侧又造了一个"卍"字形的房子，名为"万方安和"。

　　雍正十三年（1735），雍正皇帝驾崩，第四子弘历继承皇位，是为乾隆皇帝。和他父亲一样，乾隆皇帝一年中的大部分时间也住在圆明园内。有学者统计，乾隆二十年（1755）前后，乾隆皇帝在圆明园居住了 168 天，在紫禁城居住了 105 天，在承德住了 66 天，在曲阜住了 44 天。从天数可以看出，圆明园绝对是乾隆一朝最重要的政治中心。

　　因为祖辈、父辈打下了良好基础，乾隆年间大清朝国力强盛，府库充实，帝国的实力达到了顶峰，这使得乾隆皇帝热衷于享乐，喜欢游山玩水、收藏字画，当然，也痴迷于造园。他先后营建长春园并将绮春园归入圆明园统一管理。长春园位于圆明园东侧，始建于乾隆十年（1745）前后，因乾隆皇帝少年所居"长春仙馆"而得名。按照乾隆皇帝自己的说法，长春园是自己未来退位后居住的场所，所以颐养和休闲就成了长春园最大的主题。长春园内有许多建筑，是乾隆皇帝历次南巡游历回来后仿建的。例如，如园就是依照南京瞻园的样式来建造的，而狮子林、小有天园则是直接照搬了苏杭的园林名胜。绮春园原先是怡亲王允祥的赐邸，后成为大学士傅恒的宅邸，到乾隆三十五年（1770）正式归入圆明园。至此，圆明园三园的格局基本形成。

海晏堂喷泉

从康熙时期开始，清代的帝王就对西方的艺术与科技产生了浓厚的兴趣，之后一大批西方传教士来华，他们与皇室保持着密切关系，有的甚至供职于内廷，成为皇帝的亲信。有一天，乾隆皇帝正在翻阅一册由传教士呈上来的洋人书刊，里面画的是一些西洋宫殿的插图，当他看到法国凡尔赛宫中的"水法"时，觉得特别有意思。所谓"水法"，其实就是喷泉，这在当时的欧洲园林中已被普遍采用，但在清朝却闻所未闻。乾隆皇帝认为：我大清是天朝上国，无所不有，无所不能，这巧夺天工的水法装置，其他国家有，我们也得有。于是在乾隆十二年（1747），他命令59岁的郎世宁负责圆明园西洋水法工程的建造。

郎世宁（Giuseppe Castiglione，1688—1766），意大利米兰人，康熙五十四年（1715）作为天主教耶稣会的修道士兼画家来到中国传教，并在传教士马国贤的引荐下见到了康熙皇帝，凭借着高超的绘画技巧，并善于将西方绘画手法与传统中国笔墨相融合，郎世宁颇受皇帝喜爱，最终成了皇帝的御用画家。

接到了皇帝布置的任务，郎世宁有些发愁，自己是一名画家，对于建筑学那是一窍不通。于是他拉来了各方面的人才，组建了一个建筑设计团队。其团队成员主要有：精通数学、建筑学的法国

郎世宁《乾隆皇帝朝服像》，
故宫博物院藏

郎世宁《十骏犬图之苍水
虬》，故宫博物院藏

传教士蒋友仁（Micheal Benoist，1715—1774），擅长绘画、与郎世宁并称"四洋画家"的法国人王致诚（Jean Denis Attiret，1702—1768），建筑师和雕刻家利伯明（Ferdinando Moggi），画家艾启蒙（Ignatius Sickelpart），以及植物学家戴卡维（Pieer Incarville）。具体的施工工作，则由中国匠人负责完成。

　　从乾隆十二年（1747）开始，至乾隆四十八年（1783）结束，历经 36 年，郎世宁团队在圆明园长春园的东北方向，共修建了十余座西式建筑和庭院。这一建筑群呈 T 字形，东西长 860 米，西部南北宽 300 米，其余仅宽 65 米，总占地面积 7 万平方米，被统称为西洋楼，虽然它的面积仅为圆明园总面积的五十分之一，但却是圆明园最具特色的建筑群。西洋楼的主体建筑风格是晚期意大利巴洛克风格，所有建筑物均为墙体承重，大多采用大理石石柱和青砖，屋顶则为中式庑殿顶覆以琉璃瓦。立面柱式、门窗及栏杆扶手等是西式的做法，但细部装饰则是西洋雕刻中夹杂着中国特色的花饰，这样就做到了中西合璧、耳目一新。

　　海晏堂是西洋楼中体量最大的建筑，建成于乾隆二十四年（1759）。海晏堂前有一呈菱形的巨大水池，水池中间有座圆形喷水塔。池东有一雕刻精美的巨型牡蛎形番花。在石牡蛎两侧，分别排列有十二尊人身兽头青铜雕像。这里，就是乾隆皇帝心心念念的"水法"装置，而那十二尊人身兽头青铜雕像，亦即日后流失海外的十二兽首。十二尊青铜雕像均采用清宫内廷所炼制的合金铜，内含多种贵金属，因此颜色深沉，内蕴精光，历经风雨而不锈蚀。

　　按方位分布，十二尊青铜雕像北面从内而外依次为：丑牛、卯兔、巳蛇、未羊、酉鸡、亥猪；南面从内到外依次为：子鼠、寅虎、辰龙、午马、申猴、戌狗。每过一个时辰，相应的铜像就会喷水，午时则所有铜像一起喷水，非常壮观。这样人们根据喷水的动物就可以知道大概时间，所以又俗称"水力钟"。

据说，当初设计海晏堂水法的时候，郎世宁先是设计了大量的西方人体雕塑，因为按照西方国家的传统，喷泉一般都是用裸体人像的。结果乾隆皇帝看了连连摆手：让你借鉴，没让你模仿，这些裸体女人往园子里一摆，你难道不嫌害臊吗？还有礼义廉耻吗？

这时候有人建议，要不把裸女换成十二生肖，这不就有中国特色了吗？而且十二生肖正好代表十二个时辰，不同时辰可以让各自的生肖喷水，既美观，又能够起到报时的作用。乾隆皇帝一听：好，就这么办！

圆明园海晏堂铜版画，故宫博物院藏

那么，喷泉效果如何实现呢？蒋友仁在海晏堂的后面造了一座工字形平台楼，作为给喷泉供水的蓄水楼。这座蓄水楼从外表上看仍然是一座西式洋楼，但它是实心的，楼上中心部位是一个东西长27.36 米、南北宽 5.72 米、深 1.44 米、容积达 160 立方米的大水池。水池底部为防止漏水，全部用锡板焊成，故称为"锡海"。接着，蓄水池与兽首喷头之间用铜管相连，由于高低落差的存在，水就可以从兽首中喷出，形成喷泉。

说到这里，问题又来了，这水又不会平白无故地到蓄水池里面，它是如何运上去的呢？蒋友仁采用的是土办法。他在喷泉两边造了两架龙凤水车，同时配备十四名仆人用人力蹬踏水车，利用机械原理将水位提高，最终将水送往蓄水池中。所以别看这"水力钟"在喷泉时那么壮观，这背后可花费了不少的人力物力。

四年之后，龙凤水车就因疏于维护而导致内部构造损毁，无奈之下，乾隆皇帝只能下旨在海晏堂安装辘轳，用大罐打水上楼。再后来，喷泉彻底无法使用，咸丰皇帝的母亲孝全皇太后钮钴禄氏，干脆命人将兽首拆下来，放进了库房。

那么，这十二生肖兽首又是如何流落到国外去的呢？这一切，还要从 1860 年的那场浩劫说起。

圆明园大浩劫

1856 年，英、法两国为了进一步打开中国市场，分别以"亚罗号事件"和"马神甫事件"为借口发动了战争，史称"第二次鸦片战争"。1858 年 6 月战争结束，清政府被迫与英、法、美、俄等国签订了《天津条约》，并约定第二年正式换约。

《天津条约》是一个丧权辱国的不平等条约，清政府对其中的各项苛刻条件非常不满，尤其是允许外国公使常驻北京、外国商人可以自由往来于通商口岸之外的地方、增辟沿海及长江通商口岸等几项要求，更是让咸丰皇帝"万难允准"。当时有朝中大臣直言不讳地指出外国公使"驻京"的害处："卧榻之侧，不容他人酣睡，况辇毂之下，岂可容豺狼群聚，能保其无意外之变乎？"于是，咸丰皇帝打算借换约之机废除条约，再不济也要迫使英法修改其中的部分条款。

咸丰皇帝任命大清名将、"铁帽子王"僧格林沁负责整顿军队并加强大沽海口的防御。他在第一次大沽保卫战中失守的炮台和营盘废墟上建立了新的防御设施，南北两岸共建立了3座炮台，配置了60门火炮，包括12000斤大钢炮2门，万斤大钢炮9门，5000斤钢炮2门和西洋铁炮23门。所有炮台周围都有坚固的堤墙和壕沟，并设置了三道拦河铁链、铁戗和木栅来加强防御。此外，为了加强翼侧的防御，北塘地区的炮台也得到了整修，并在天津以东30余里的双港附近新建了13座炮台，配置了81门大小钢铁炮，大大增强了纵深防御。

1859年6月，约定的换约时间即将到来，英法两国公使携带联合舰队直入直隶湾，打算沿白河直抵天津。就在这时，清政府要求英法联合舰队停泊在北塘附近海岸，相关代表取陆路去天津和北京。这一要求在英国人和法国人看来简直是侮辱，他们声称"定行接仗，不走北塘"，坚持经大沽口溯白河进北京。双方剑拔弩张，新一轮冲突即将爆发。

6 月 25 日凌晨，英法联军向大沽口炮台发起攻击，他们本来以为，这场战役只是走走过场而已，羸弱的清军和一年前一样不堪一击。但万万没料到的是，如今大沽口的驻防已经截然不同，不仅火力大大加强，原先驻守的官兵也全部换成了骁勇善战的蒙古骑兵。以有备战无备，战争结果可想而知。最终，清军获得了史无前例的胜利，他们成功击沉了 4 艘敌舰，重创了 6 艘，俘虏了 2 艘。同时打死打伤 578 名英军和 14 名法军，俘虏了 1 名英国和 1 名美国士兵。英国侵华舰队司令贺布也在战斗中受了重伤。而清军只付出了阵亡 38 人的代价。

　　大胜之后，朝野上下士气大增，很多中国人都觉得，只要僧格林沁在，天津海防便可高枕无忧，大沽炮台肯定还能再次阻击英法联军。但平心而论，英法联军之所以栽了个大跟头，主要还是太轻敌了。连僧格林沁本人都不得不承认："该夷此次之败，率因骄傲欺敌。其意以为炮台营垒，垂手可得，水战失利，继之步卒。是该夷不信中国敢于一战。"

　　此次战败，也是英法联军在中国遭遇的首败，消息传回英法国内，举国哗然。从 1859 年 9 月 16 日起，英国内阁连开 8 天会议，最终一致主张对中国增兵，并做出攻下北京的战略目标。很快，一支数量多达 2 万人的军队集结完毕，其中英国出兵 1.2 万人，法国出兵 7000 多人，联军一路北上，相继占领了舟山、大连湾、烟台，并于 1860 年 8 月 21 日攻陷大沽炮台，占领天津，清军则溃逃至通州以西的八里桥。八里桥又称永通桥，始建于明正统十一年（1446），是通州进入北京城的咽喉要地。清军退守于此，意味着北京城已无险可守，一场史无前例的危机即将到来。

为做最后的抵抗，僧格林沁在三天内集合、调遣了3万精兵强将，准备死守到底，其中两万是强悍的蒙古骑兵。要知道，满清政权最开始可是靠骑兵起家的，时间倒退200年，刚刚入关时的满清铁骑还素有"女真不满万，满万不可敌"之称。而英法联军实际投入作战的兵力仅6000余人，双方人数差距悬殊，所以当时清政府怎么算，都觉得这是一场不会输的战斗，再不济，双方打平总可以吧。

1860年9月21日凌晨，战斗正式打响。僧格林沁的策略是以自认为强大的骑兵构成屏障，阻挡联军对北京的进攻，同时利用骑兵的高机动性，对联军进行反复冲锋与包围。这一战术在冷兵器时代无疑是非常有效的，但他忽略了一点，这压根不是一场冷兵器之间的公平对决，而是热兵器对冷兵器的绝对碾压。英法联军使用的是阿姆斯特朗大炮、来复枪、连发枪一类的高科技，而清军这边呢，还是弓箭、长矛、大刀这种冷兵器。想都不用想，这简直就是鸡蛋碰石头，不自量力。

僧格林沁所组织的防线一触即溃。最终清军损失惨重，主帅僧格林沁逃跑，副帅胜保重伤，全军伤亡近万人，八里桥上堆满了尸体，而英法联军仅付出了伤亡61人的微小代价，简直是单方面的碾压。

八里桥战役惨败之时，咸丰皇帝正在圆明园，忽然下人禀报，说僧格林沁将军对蛮夷作战失败了！咸丰皇帝不由得大吃一惊，心想这该如何是好啊！随行的官员乱作一团，他们分为了两派，主战派认为皇上得赶紧回紫禁城，亲自统督都城防务。蛮夷不过几千来人，而清军兵多将广，如果最后一搏，还是有极大胜算的。但是兵败而归的僧格林沁可不这么认为，他是领教过英法联军的威力的，所以极力恳求皇上"巡幸木兰"，即到热河行宫（今承德避暑山庄）避一避风头。

此提议一出，立即引起了诸大臣的强烈反对。武英殿大学士贾桢劝谏说："京师楼橹森严，拱卫周密，若以为不足守，岂木兰平川大野，毫无捍蔽，而反觉可恃？况一经迁徙，人心涣散，易道之行未达，土木之变堪虞，夷人既能至津，夷何难至滦耶？种种情形，不堪设想。"都察院左都御史爱仁则拿出了北宋"靖康之难"的教训："计现在防兵及各路援师，实数倍于夷人，若乘舆既出，则人无固志，顷刻骚然，夷人必致乘机入城，万一逞其狡谲，效今人立刘豫张邦昌之故智，从此京城非我所有，天下大事，随之而去。"

然而，咸丰皇帝还是被僧格林沁描述的英法联军英勇神武的样子吓坏了，想起了前朝皇帝明英宗朱祁镇御驾亲征，结果被异族直接掳走的故事，决定还是"三十六计，走为上"。9月22日凌晨，他先去"鸿慈永祜"祭祖，向先帝牌位一一辞别，并接见了宫中五大亲王和大学士，并授予恭亲王奕訢为钦差大臣，留守京师，然后就不管不顾地离开圆明园，直奔热河去了。由于此次出逃实在太过匆忙，导致后勤完全供应不上，逃亡的当天，咸丰皇帝能得到的食物仅仅是两个鸡蛋，直到第二天，他和嫔妃们才喝到了几碗小米粥。

想当年，咸丰皇帝继承皇位时，也曾立志重振基业，复兴大清王朝。1853年，太平天国军队一路北伐，甚至一度要打到北京，当时朝廷上下也似如今这般恐慌，但咸丰皇帝镇定自若，对着打算逃跑的大臣们说出了"国君死社稷，礼也"的豪言壮语。然而仅仅七年之后，咸丰皇帝就活成了自己最讨厌的模样，真是可怜可叹。

皇帝带头逃跑，北京城内一片混乱，有条件的高官、富商纷纷带上家眷，逃离这是非之地，而平民百姓也扶老携幼，想尽办法逃出城去。

在这一团乱麻中，1860年10月6日，英法联军终于进驻北京城，并堂而皇之地进入了圆明园，立马被眼前的奢华惊呆了。圆明园里到处都是豪华的宫殿，每个宫殿里都藏着皇室珍藏的古董，而且每一件都价值连城。法国军队司令蒙托邦将军在给朋友的信中写道："在我们欧洲，没有任何东西能与这样的豪华相比拟。我无法用几句话向您描绘如此壮观的景象，尤其是那么多的珍稀瑰宝使我眼花缭乱。"海军上尉巴吕则更加直接："看到这座宫殿的时候，不论受过何种教育，也不论哪个年龄，还是什么样的思想观念，大家所产生的印象都是一样的：压根儿想不出有什么东西可与之相比，绝对地震撼人心！确切地说，法国所有的王室城堡都顶不上这个圆明园。"

在巨大宝藏的诱惑下，一些疯狂的想法在士兵心中滋生开来。第二天，也就是10月7日，一些士兵开始偷偷拿走一些最值钱的东西，接着，越来越多的人开始加入，于是暗抢变成了明夺。日后很多亲历者都曾写过回忆性质的文章，通过他们的描述，我们得以了解当年那几个疯狂的日日夜夜所发生的一切。这里给大家列举一二。

"10月7日下午三四点钟，法英联军委员会在忙着清点从圆明园抢来的战利品，此时有些勤杂士兵在园里不停地出出进进，他们倒是向站岗的哨兵出示了通行证，然而每个人都带了些小玩艺儿出来。不用说，如此情景必然会激起那些目睹这样来来回回往外带东西的士兵们的贪欲。他们中有英军和法军的步兵、轻步兵、炮兵，有法军中的北非骑兵，英国女主的龙骑兵，英军中的印度锡克兵，还有些是中国苦力。所有的人都'瞪大了眼睛'，'贪欲中烧'，等待机会进去。"（莫里斯·伊里松《一个赴华翻译的日记》）

"回到宿营地后，蒙托邦将军得知，法军士兵在帝后寝宫区发现了金条、银锭。于是，我们重又像此前那样组建了瓜分战利品委员会，将金银财宝在两支部队中平分。该委员会还利用这个机会，来平分一大堆玉石、琥珀与珊瑚项链。这些都是皇帝与官员在重要场合戴在脖子上的。……九日早晨，这天是我们离开的日子，法军宿营地是你所能想象的最奇特最繁忙的景象。帐篷内外堆满了各种各样的金银财宝……随处可见的只有豪华家具、丝绸、镶上金边的黄袍，而在其之上的，是支离破碎、面目可怜的物件。至于银子，因其数量过多，重量太重，而被抛弃。许多士兵用大约 480 法郎价值的金条去换一瓶白酒或苦艾酒。"（保罗·瓦兰《远征中国》）

"所有的房间与大厅都向他们敞开，里面摆满了本土与欧洲的艺术珍品，价值连城的花瓶与坛子，以及丝绸、绸缎与刺绣。他们一开始要么进行不分青红皂白的劫掠，要么就对那些无法搬运的重物给与恣意的毁灭。卫兵被安置在各处，但毫无用处。一支军队一旦开始了抢掠就难以停下来。在此时，人性让那些由纪律施加的约束全然无效，其结果是即便是最纪律严明的军队都要腐化变质。士兵无非是长大的男生。劫掠某个地方所带给他们的狂喜瞬间将长留在士兵们的记忆中。"（沃尔斯利《1860 年中国之役记述》）

……

之后，为了掩盖犯罪事实，同时为了惩罚清政府，羞辱并打击中国人的傲慢，英法联军开始在圆明园内放火，当时正值西北风起，火势越烧越旺盛，整整持续了三天三夜，直到英法联军撤出圆明园后，清军才将大火扑灭。从那以后，这座凝聚着中国人民无限智慧和想象力的"万园之园"，开始面目全非。

兽首今何在

英法联军烧毁了圆明园，并与清政府签订了一系列不平等条约后，大胜而归，他们把抢到的比较珍贵的青铜器、玉器、瓷器和金银珠宝等，都贡献给了皇室。而那些不是很珍贵的文物，比如十二兽首，就流落到了民间。

到了 1985 年，美国一位名叫查尔斯的古董商在美国南加利福尼亚州棕榈泉市一个退休警察威廉·布莱克（Lt.R.S.William P.Blake）的家中，无意中发现了十二兽首中的马首、牛首与虎首，当时牛首被放在浴室内当作浴巾的挂钩，而虎首和马首则被当作普通装饰品，随意地摆放在花园的水池旁。于是查尔斯以每个兽首 1500 美元的价格，把它们都买了下来。

1987 年，猴首和猪首被纽约苏富比拍卖行公开拍卖，结果猴首以 16.5 万美元的价格被中国台湾艺术品收藏机构寒舍集团董事长蔡辰洋的兄长蔡辰男购得，而猪首以 15 万美元被美国一家私人博物馆购得。

1988 年，因为古董店经营不善，查尔斯不得已将虎首、牛首和马首转让给英国的古董商。一年之后，三兽首亮相伦敦苏富比拍卖现场，并分别以 13.75 万英镑、14.85 万英镑和 18.15 万英镑的价格，被中国台湾寒舍集团董事长蔡辰洋先生购得。

2000 年，牛首、猴首和虎首，突然出现在中国香港佳士得和中国香港苏富比的拍卖会上。这两家公司的行为引起了各界人士的不满，国家文物局甚至还致函拍卖公司，要求他们停止拍卖这三件兽首。可是佳士得和苏富比却认为，拍卖是纯粹的商业行为，除非

马首，圆明园管理处藏

能证明这三件兽首是假货，否则不予叫停。

　　这赤裸裸的挑衅一下子激起了国人的愤慨和爱国热情。更何况，2000 年的中国，早已不是百年前那个积贫积弱的大清，因此不少爱国企业家打算参与拍卖，将兽首买下来。

　　拍卖开始时，猴首以 200 万港元起拍，短短几分钟内价格就被抬到了 740 万港元，最终中国保利集团以 818.5 万港元拍得。紧接着，牛首也是 200 万港元起拍，最终中国保利集团以 774.5 万港元拍得。三天之后，虎首以 300 万港元开拍，短短七八分钟叫价 37 次，最终也被中国保利集团以 1544.475 万港元的价格收入囊中。

之后，三件兽首在保利大厦免费展出一个月，展出背景就是兽首原先的存放地——圆明园海晏堂的大幅照片。当时这个展览刷爆了各大媒体，激起了无数中国人的爱国情怀。而拍卖行在这笔生意中赚得盆满钵满，它们发现这爱国财是真的好赚，只要是涉及中国

虎首，保利艺术博物馆藏

猴首，保利艺术博物馆藏

猪首，保利艺术博物馆藏

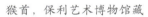

流失文物的拍卖，就必定引起极大的关注，很多爱国人士为了将文物拍下，甚至会不惜一切代价，最终高出市场价格成交。这一招，在之后的拍卖中屡试不爽。

2003 年，中国澳门赌王何鸿燊从纽约私人收藏家手中以 600 余万港元的价格收购猪首，并捐赠给了保利艺术博物馆。

2007 年，何鸿燊再度出手，在苏富比拍卖会举办之前以 6910 万港元的高价购得马首铜像，并宣布将其捐赠给国家。2019 年，马首铜像被捐赠给国家文物局。马首现收藏于圆明园管理处。

一次次的拍卖，一次次的交易，价格也水涨船高，如马首的价格居然比牛首、猴首、虎首三件兽首总价的两倍还要多。虽然富豪们不差钱，但这钱也不是大风刮来的，更何况这钱最后还是进了拍卖行的口袋里，因此有人呼吁要理性爱国，接着就有了一些"曲线救国"的故事。

2008 年 10 月，佳士得拍卖行又放出消息，说要拍卖十二兽首中的鼠首和兔首，这次估价更加离谱，在 800 万至 1000 万欧元之间，总价值高达 2 亿人民币。消息一出，舆论瞬间炸裂，中华抢救流失海外文物专项基金会等机构紧急组织了赴法"追索圆明园流失文物律师团"，希望通过法律手段来追回文物。他们向法国巴黎大法院提交了诉状，要求佳士得停止拍卖。

但拍卖行如期举行，现场竞拍非常激烈，最终两件兽首以 2.3 亿人民币的天价被中国商人蔡铭超拍下。但随后事情发生反转，蔡铭超公开表示拒不付款。他说，作为一个中国人，不能接受以回购的方式购买被他人抢走的文物。佳士得立即表示要按照相关法律来追究这种不付款的捣乱行为。按照法国法律的规定，拍卖文物但拒不付款，可能会被拘禁六个月，罚金 2.2 万欧元。然而，不知出于什么原因，佳士得并没有起诉，最终法国的皮诺家族将鼠首和兔首买下，并无偿捐献给了中国。

至此，十二兽首中有七尊已经回归祖国，剩余五尊兽首，龙首据说收藏在中国台湾，而蛇首、羊首、鸡首、狗首一直流落海外，未曾现身。它们可能黯然地躺在某位收藏家家里，也有可能已经被毁坏了。不知道有生之年能否看到十二兽首重新聚首，我想，这也是全体中国人的愿望吧！

参考文献 ————————————————————————————

[1] 布立赛 .1860：圆明园大劫难 [M]. 杭州：浙江古籍出版社，2005.
[2] 刘阳 . 乾隆皇帝的欧式庭院：追寻真实的圆明园 [M]. 北京：人民文学出版社，2022.
[3] 单志刚 . 圆明园的山河小岁月 [M]. 北京：机械工业出版社，2019.
[4] 徐永斌 . 咸丰时期的巡幸之议 [J]. 东南大学学报（哲学社会科学版），2014（5）.
[5] 李浩 . 试论八里桥战役清军惨败的原因及其影响 [J]. 天中学刊，2016（3）.
[6] 翟厚良 .1859 年大沽之战爆发原因再探 [J]. 史学月刊，1985（5）.
[7] 朱笛 . 圆明园兽首铜像的坎坷命运 [J]. 云南档案，2013（5）.
[8] 佚名 . 圆明园兽首的坎坷回归路 [J]. 中国拍卖，2013（6）.

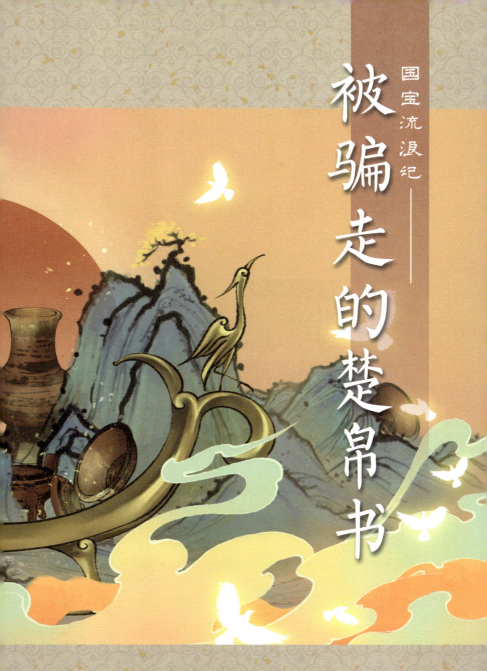

国宝流浪记

被骗走的楚帛书

1942年9月，长沙旧城东南郊。

四个土夫子（长沙地区对盗墓贼的称呼）正蹲在一个土丘上，所有人都不说话，直勾勾地盯着脚下这块地。他们确信，这地底下，埋着一个巨大的宝藏。

为何如此笃定？就在前几天，长沙下了一场大雨，雨过天晴后，地底下的秘密都显现了出来。对于土夫子来说，这是寻墓的绝好时机。

土夫子老照片

这里得先跟大家讲一些盗墓圈里不外传的"寻墓探穴"秘诀。在盗墓小说中，有摸金派、发丘派、搬山派和卸岭派四大门派，而在真实的盗墓世界中，也有派系之别，主要分为北派和南派。

北派，以洛阳地区为代表。北方地区天气干燥，土质比较黏稠细腻，墓葬多为土墓。所以洛阳铲就成了一种绝佳的快速定位墓穴的工具。洛阳铲横截面呈月牙形，底部锋利如刀，使用时将铲用力插入土中再向上提起，铲头就可以带出泥土。经验老到的盗墓贼，一眼就能够从泥土中判断底下到底有没有墓葬。但这样的盗墓，纯靠工具，其实没太多技术含量，可以被视为"粗放型"盗墓。

南派则以长沙地区的土夫子为代表。由于长沙地区土薄、石多、水位高，像洛阳铲这种探测工具，根本没有用武之地。于是土夫子另辟蹊径，钻研出了另一条精耕细作的"集约型"路线，还模仿中医的说法，形成了"望、闻、问、切"四大理论。听着很抽象，但其实讲的就是"寻龙点穴"之法。具体来说，土夫子们又总结出了观雪、听雨、听雷、观草色、泥痕等等技巧。

所谓观雪、听雨，是指一场雨雪过后，土壤会根据吃水情况呈现出干湿不同的变化。像长沙这种地方，墓坑里的填土虽然是夯土，但吸水性比生土强得多。特别是西汉墓，由于会用大量的黄土封填，吸水性更强，比当地常见的红土黏性更大，所以比一般的泥土湿很多。这时候更容易看出哪里是人工夯打过的熟土，哪里是自然的生土。

因此，按照圈内的共识，雨雪天气是最适合找墓的。这帮土夫子，自然不愿意错过这样的机会。

他们专门挑了一些平地起丘的小山坡踩点，这样更容易看出土质的差异。就在子弹库这个地方，他们隐约发现，土坡上有块地方的泥土和周围的土质还真的不太一样！这不是做贼的遇见截路的——赶巧了嘛！四个人当机立断，决定当晚就开挖。于是，就有了开头那一幕。

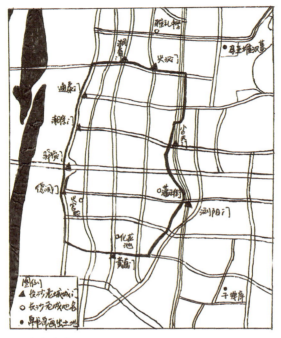

子弹库地点

    土夫子向下深挖约五六米，果不其然看见了椁室，四周还填着一堆青灰色膏泥（长沙本地俗称青膏泥，有隔绝空气的作用）。

    现在经常说一个词——棺椁，其实它讲的是两个东西。棺，是装殓尸体的器具，也就是我们常说的棺材。椁，则是棺材外面套的大棺材。打个不怎么恰当的比方，这椁就相当于房间，很大，可以装很多东西，绝大多数随葬品都放在椁内，而棺就是人睡的那张床，是更贴身的东西。

所以，挖到了椁室，就相当于进入墓主人的墓室了。

土夫子们小心地揭去椁盖板上的青膏泥，由于接触了空气，原本黄色的椁盖板很快就变黑了。接下来凿开椁盖板，此时意外发生了，一股带硫磺味的气体冒了出来，遇到提在手上的煤油灯，立即燃了起来，火焰蹿了一米多高，把大伙儿吓了一跳。

结果没想到，领头的叫任全生的土夫子，突然兴奋了起来。他想起以前的老师傅曾提到过一种叫"火洞子"的墓。这种墓非常邪乎，墓室被青膏泥或白膏泥之类密封性极好的泥土包裹，遇明火则燃。但往往遇见"火洞子"也意味着墓葬保存完好，能够挖到不少好宝贝。

想到这里，任全生定了定神，继续打开椁盖，果不其然，整个椁室保存完好，整体不大，肉眼估计长约 3 米、宽约 2 米，深度也只有 1 米多，在外椁与外棺之间放着几个箱子，里面摆放着墓主人的随葬品，其中头箱北端铺着一块芦苇席，上面放着一个三足的木雕龙，通体髹漆，四足做攫拿之势，显得气势十足。北端有一个竹笥，里面放着数百块由青膏泥制作的冥币。除此之外，还有一个竹箧，里面放着一块折叠数层的帛书。边箱中则有穿衣木俑八个，带柄的铜戈、铜矛、铜剑各一把，以及陶制明器鼎、敦、壶各四个、漆耳杯四件。

整个棺椁由外向内分为外椁、外棺、内棺三层，据《庄子·天下》和《荀子·礼论》记载："天子棺椁七重，诸侯五重，大夫三重，士再重。"再结合随葬品特点，初步判定这是战国中晚期士大夫一级的墓葬。

不过，此时的土夫子可管不了那么多，他们眼里只有这些宝贝。

陶鼎，湖南博物院藏

陶壶，湖南博物院藏

很快，他们把宝贝搜刮一空，溜之大吉了。出了墓以后，土夫子把文物卖给了一个叫唐鉴泉的古董商。在交易快结束的时候，任全生指着竹箩里那块干巴巴的帛书说："里面还有一块破布，就不要钱，送给你算了！"

就这样，这块被他们弃如敝履的"破布"，被当作附赠品一同卖了出去。

令任全生万万没料到的是，这将是他一生中最后悔的决定。

盗墓笔记中"战国帛书"原型

读过《盗墓笔记》的朋友，有没有觉得上面这个剧情似曾相识？没错，小说中"戏份"很重的"战国帛书"，就是以这件子弹库出土的帛书为原型的。

在南派三叔笔下，1950 年长沙镖子岭血尸墓，吴邪爷爷吴老狗联合家族长辈中的三人，组成四人小队（参考的就是任全生盗墓四人组）。他们盗掘了血尸墓，并用命带出了一块战国帛书。后来，这块帛书又被一个叫裘德考的外国人骗走。随着长沙血尸墓战国帛书的出土，盗墓笔记的故事，也就此拉开……

小说与现实的剧情，可以说是一模一样。小说里，帛书记载着关于长生的重要秘密。而现实中，这幅被土夫子视为垃圾的帛书，却是中国考古史上最激动人心的发现之一。

当然了，此时的任全生是意识不到这些的。他把文物打包卖给了唐鉴泉，以为自己大赚了一笔，心满意足地回家了。此时帛书到了唐鉴泉手里。

这唐鉴泉何许人也？根据坊间传闻，他原本是个上门裁缝，1927年开始在长沙东站路开业，并挂了个"唐茂盛"的招牌，外号"唐裁缝"。

当时长沙正好盗墓之风兴盛，隐约已经形成了一条盗墓、销赃的产业链。看着那些盗墓的一个个都发了财，唐裁缝仔细一琢磨，这当个裁缝匠一辈子能挣几个钱啊？倒不如胆子大些，去倒买倒卖古董，说不定搏一搏，单车就能变摩托了。于是一咬牙，一跺脚，把裁缝铺子辟出了半间房，开始兼营古董生意。

也算是老天爷赏饭吃，前几笔生意，都让唐裁缝给做成了，他觉得这事儿能行，干脆老本行也不干了，全职做起了古董生意。久而久之，成了当地小有名气的古董商。

拿到了这批文物后，唐鉴泉仔细琢磨了一下，其他的东西都好卖，唯独这个帛书，一般人不了解它的价值，只有懂行的人才识货。他恰好认识当时在重庆的考古学家商承祚，于是给他写了封信，告诉他自己手里有一幅战国帛书想出售，问他有没有兴趣。

商承祚是赫赫有名的大学者，他出生于书香门第，幼承家学，酷爱古器物、古文字。长大后拜"甲骨文四大家"之一、著名古文

商承祚

字学家罗振玉为师，20 岁入北京大学研究所，21 岁就完成了成名作《殷墟文字类编》，这是中国最早的甲骨文字典之一。

要不怎么说唐鉴泉生意能做大呢，找到合适的买家真的很重要。商承祚一听有战国帛书出土，立刻来了兴趣，但因为远在重庆来不了长沙，遂拜托长沙好友沈筠苍前往"唐茂盛"古玩店了解情况。之后，沈筠苍给商承祚写信说："唐裁缝出视之时，是在白纸之外再用报纸将之松松卷起，大块的不多，小块的累累，将来拼复原样恐不可能。"意识到帛书保存情况可能不佳，商承祚决定将这件帛书收为己有。

但就在商承祚与唐鉴泉讨价还价的时候，突然半路杀出个程咬金，有人把这笔生意给截胡了！

一场精心设计的骗局

这个半路杀出的程咬金，就是长沙鼎鼎有名的古董大鳄，蔡季襄。

1898 年，蔡季襄出生于长沙，家里兄弟四人，他排行最小，所以又有个蔡四的小名。蔡季襄是个富二代，家里有绸缎庄、典当铺、钱庄等产业，所以从小锦衣玉食，饱读诗书。

长大之后，蔡季襄酷爱收藏，经常出入各种工地，和那些土夫子打交道。据说他本人也非常擅长风水之术。一次他到宁乡县走亲戚，到了一处风景绝佳处，他指着一块水田对同行的朋友说："这下面必定有大墓。"

朋友半信半疑，蔡季襄突然玩性大发，说："咱打个赌吧！如

蔡季襄和女儿蔡美仪夫妇

果里面没有古墓和珍宝，我输一千元。如果有，那出土的宝贝我要独占七成。"

这下大伙儿来了劲，暗地里雇了十几个乡民在晚上发掘，果不其然，挖出了一个砖室大墓，里面的宝剑、宝鼎、玉璧等宝贝，足足有数百件。

当然了，这个故事到底是不是真的，我也说不准，大家就姑且一听。不过呢，有件事情，绝对是真的。

这蔡季襄不仅在文物收藏方面颇有见地，还是个文物修复大师。四羊方尊相信大家都听说过，国宝中的国宝，1938年出土于湖南宁乡县黄材镇，是我国现存商代青铜器中最大的方尊。

抗战期间，四羊方尊从长沙迁移到沅陵的时候，突然遭到日军飞机的轰炸，被炸成了20余块。1952年，在周恩来总理的关心下，中南行政区文化部令湖南省文物管理委员会调查四羊方尊的下落。最终，蔡季襄从湖南省银行仓库中找到了一箱碎片，并亲自操持，

四羊方尊，中国国家博物馆藏

对其进行初步修复。同时，他还根据器型特点，首次将其命名为"四羊方尊"。两年之后，另一位文物修复专家张欣如在蔡季襄的基础上，对四羊方尊进一步修复，历时两个多月，国宝终于重焕生机。

说了这么多，主要是想告诉大家，蔡季襄在湖南当地古董圈子算得上是泰山北斗般的存在，威望很高，有点类似于《老九门》中的张大佛爷。

蔡季襄从上海回到长沙，得知唐鉴泉正在兜售战国帛书，立马捷足先登，直接以当时伪币 3000 元的价格，将帛书连同竹箧、铜剑等一并收入囊中。

根据蔡季襄的回忆，他第一次见到帛书的时候，"这幅缯（蔡季襄将其称为'缯书'）折叠数层，原封未动，贮在竹笈的里面，同时竹笈底下还有很多破碎不堪的缯书小块，这幅完整的缯书上面还粘附着一层很厚的白膏泥和污秽，并含有很多的水分，同时缯书在墓中埋藏达两千余年之久，长期被水土所浸蚀，以致色泽黑暗异常，质地完全腐朽，入手即碎，并且折叠数层，不容易揭开"。

帛书保存状况不佳，蔡季襄想尽办法将其修复。他先将帛书放在一块一英寸六十目的铜丝布上面，用汽油浸泡，然后将上面的泥土和污秽用毛笔洗涤干净，轻轻地将帛书一层一层展开，幸运的是，帛书并没有太大的破损。接着，蔡季襄又将帛书摊放在铜丝布上面，等汽油挥发以后，再揭下来。之后，他又跑到三正街饶记裱画店，请了一位裱画名工，花了半天功夫将帛书裱好。

1944 年 4 月，日军逼近长沙，当时国民政府勒令疏散长沙人口，蔡季襄带着一家老小逃难到了安化县。逃难过程中，蔡季襄一家不幸遇到了日寇，妻子黄莆莲和长女蔡铃仪不堪日军凌辱，选择跳水而死。如此国破家亡，蔡季襄愤懑不堪，最终他一头扎进故纸堆，专心研究子弹库帛书，并写成了《晚周缯书考证》一书。这是第一本研究子弹库帛书的书籍，如今我们对帛书的研究，大都以此书为基础。

1945年长沙光复，蔡季襄终于回到了长沙。不过世事无常，此时的他家破人亡，生活困窘不堪，他想起早些年上海金才记古玩铺还欠他几千元法币的欠款，以前生活阔绰的时候不把这点钱当回事，如今落魄了，这可是救命之财。于是，蔡季襄便凑了点路费前往上海，打算向金才记要债。同时这次去上海他还有点私心，因为帛书埋在地下几千年，有些文字实在是看不清了，他打算去上海给帛书拍摄红外线照片，利用科技的力量，破解帛书上的文字。

来到上海，蔡季襄找到金才记，要回了欠款，并将帛书给金才记店主金从怡看了，拜托他找一家能够拍摄红外线摄影的照相馆。

金从怡满口答应，几天之后，一个叫柯强（John Hadley Cox，亦翻译成"柯克思"）的美国人经金从怡引荐，和金才记的伙计傅佩鹤一起主动找上了门来。

柯强是美国战略情报局（美国中央情报局的前身）驻中国的官员，抗日战争期间，他曾以长沙雅礼中学教员的身份四处活动，明

柯强

面上自称"文化考古学者"，暗地里却干着盗卖文物的勾当。蔡季襄曾经和他争抢过同一件古董，所以对他印象非常不好。

不过，柯强可不在乎这个，他一见到蔡季襄，就开门见山地说："我家里有两部新式的红外线摄影机，如果你将缯书用红外线照相，我可以帮你的忙，缯书上面模糊的文字通通可以清楚地照出来。"傅佩鹤在一旁极力怂恿，蔡季襄碍于面子，答应将帛书带到柯强住处去拍照。

来到柯强住处，果然房间里摆着两架照相机。柯强故弄玄虚摆弄了一番后，遗憾地表示镜头出了毛病，照不太清楚。蔡季襄看了看，果然不太清楚。那怎么办呢？柯强表示有办法，自己有个朋友也是研究红外线摄影的，可以借他的镜头来试试，不过嘛，需要把帛书留在自己家中一天，方便拍摄。

蔡季襄当时急于想弄清帛书上的文字，没多想就答应了。第二天，蔡季襄去要回帛书，万万没想到，柯强早已经明修栈道，暗度

上海盖司康公寓，1945—1946 年柯强在沪时居住于此

陈仓，他诓骗蔡季襄说，自己和朋友拍了一整晚，但因为镜头不够好，还是拍不清楚。恰好今天早上有位美国空军上校要回旧金山，就托他把这幅帛书带到美国拍摄，大概一个星期之内，就可以寄回来。

蔡季襄这才意识到自己很有可能被骗了，他大呼上当，要求柯强立即把帛书退还。不过，柯强早已料到蔡季襄会这么说，如今生米已经煮成熟饭，主动权掌握在自己手里，他假惺惺地表示：您要是不放心，咱可以立帖为证啊！如果到期不寄回，我照价赔偿，这帛书价值1万美元，先付1000美元保证金。怎么样，够有诚意了吧？

与此同时，傅佩鹤也在一旁煽风点火，他把蔡季襄拉到房门外，小声地说："蔡先生，事已至此，反正缯书已经寄出去了，现在想要还也还不了了，更何况，现在美国佬是蒋介石身边的红人，这柯强在上海有权有势，咱好汉不吃眼前亏，先把这钱收了再说。"

一套组合拳下来，蔡季襄是秀才遇到兵，有理说不清，心里纵使有一千个不愿意，也只能收了钱，悻悻回到了自己的住所。

自那以后，蔡季襄隔三差五就向柯强索要帛书，果不其然，柯强一直借口推脱，直到有一天，当蔡季襄再次催促时，柯强的佣人告诉他，柯强已经乘飞机回美国，溜之大吉了。

蔡季襄终于意识到这是一场精心策划的骗局，柯强早已和金才记的人串通好，借红外摄影的名义，一步一步地引诱自己上钩，最终将帛书给骗到美国去了。

1947年12月，一个偶然的机会，蔡季襄得知长沙湘鄂印刷公司经理吴受泯的儿子吴柱存马上要去美国哥伦比亚读书，而吴柱存又是雅礼中学毕业的，认识柯强，于是他立刻找到吴柱存，托他打听柯强在美国的住址，并帮忙向柯强询问帛书的下落。

隔了很久，吴柱存终于回信，表示自己已经与柯强见面，但老奸巨猾的柯强绝口不提退还帛书之事，还偷换概念，把自己擅自将帛书带回美国说成是蔡季襄委托他将帛书带到美国出售。只不过由于帛书太过独特，绝大多数美国博物馆都认识不到它的价值，只愿意以很低的价格购买帛书。

蔡季襄当然不答应，立马回信，说帛书无论如何都不能卖掉，什么一千美元定金，老子不稀罕！

但是，如此跨洋通信效率实在太低，一来二去，双方彻底断了音讯。至此，蔡季襄才不得不接受帛书实际上已经被抢走这个事实。

帛书里的创世神话

老谋深算的骗子，不费吹灰之力就将帛书带到了美国。

之后，帛书一路辗转，先是被柯强于 1964 年卖给了纽约古董商戴福保，而蔡季襄没有从这次交易中得到过一分钱。后来赛克勒医生（Arthur M. Sackler，1913—1987）又从戴福保手中以 50 万美元的价格买下帛书，从那以后，帛书就成了赛克勒医生的藏品，存放在了美国纽约大都会艺术博物馆。

1987 年，赛克勒医生在华盛顿特区捐建了赛克勒美术馆，供史密森学会收藏展示他借存在纽约大都会艺术博物馆的亚洲文物。之后，赛克勒美术馆与邻近的弗利尔美术馆联合组成了亚洲艺术博物馆，用来专门展示美国收藏的亚洲文物。如今，子弹库帛书就安静地躺在那里。

另一边，蔡季襄始终没有放弃找回帛书。新中国成立后，他成为湖南省人大代表，通过各种途径，借由湖南省文化厅、国家文物局等，希望能向美国要回帛书的归属权。但都是毫无结果……

说到这里，大家可能有些疑惑，这帛书到底厉害在哪儿？值得蔡季襄如此念念不忘吗？

卖了这么久的关子，终于可以和大家聊聊这帛书的厉害之处了。

先问大家一个问题，在纸被广泛使用之前，古人都是在哪里写字的？主要有两种材料，一种是竹简，另一种就是帛书。在过往的考古发现中，竹简的出土量要远远高于帛书。我们经常听到哪里哪里又出土了竹简，比如睡虎地秦简、里耶秦简、郭店楚简等，但你又何曾听过哪里新出土了帛书？目前为止，总共只出土过两次帛书：一次是子弹库帛书，而另一次，就是大名鼎鼎的马王堆汉墓帛书，现在作为镇馆之宝收藏在湖南博物院。

那么，马王堆汉墓的帛书是什么时代的呢？汉代，准确的说，是西汉初期。

而子弹库帛书的时代，据后来学者研究，大约在战国中期的楚国阶段，比马王堆汉墓早了好几百年。所以子弹库帛书也被称为楚帛书，它是目前发现最早的帛书。

对于子弹库楚帛书的重要性，李零先生曾有过精辟的总结：

第一，它是20世纪的头一批古书，不是档案性质的文书，而是典籍意义上的古书。

第二，这是我们第一次接触帛书。目前，这样的帛书只出土过两次，一次是子弹库帛书，一次是马王堆帛书。帛书，它是第一次发现。战国帛书，它是唯一发现。

第三，战国文字，楚文字是大宗。研究楚文字，这也是个头。

子弹库楚帛书长 38.7 厘米、宽 47 厘米，全篇将近 1000 字，别看这点字数还不够现在的网友写篇小作文呢，在物质匮乏、惜字如金的上古时代，这可是长篇大论了。李零先生根据帛书的内容，将其定名为《四时令》，认为它是供人选择时日的历书。具体又可以分为甲、乙、丙三篇，甲、乙两篇在帛书中间。甲篇名为《岁》，共十三行，讲的是要"敬顺天时"。乙篇名为《四时》，共八行，主要以神话的形式讲述了四时的创造。甲、乙两篇的排列方式也很奇特，它们是互相颠倒书写的，只有文字，没有图案。丙篇分布在甲、乙篇的四周，名为《十二月》，每个月都搭配了一个月神形象，通称为"十二月神"，月神旁边还有"题记"，记载了十二个月的月名及每月的举事宜忌，即每月可以干什么，不可以干什么，类似于现在的黄历。除此之外，帛书四角还各绘一神木图像，春为青木，夏为赤木，秋为白木，冬为黑木，共同组成了四时、十二月的概念。

月份	正月	二月	三月	四月	五月	六月	七月	八月	九月	十月	十一月	十二月
帛书	取	女	秉	余	欲	虘	倉	臧	玄	昜	姑	荼
尔雅	陬	如	寎	余	皋	且	相	壮	玄	阳	辜	涂

有意思的是，春、夏、秋、冬四季最后的月份都记载了这个月神的职司，三月为"秉司春"，六月"虘司夏"，九月"玄司秋"，十二月"荼司冬"，剩下的其余月份则只记载了这个月神的主要执掌，如四月"余取女"，意为此月可以"取（娶）女为邦□"。因此，秉、虘（且）、玄、荼（涂）很有可能就是春、夏、秋、冬四季之神。

有学者对四季之神的形象进行研究后发现，它们居然能够和《山海经》里的神话人物一一对应上。三月"秉司春"的形象，"面状正方而青色，方眼无眸，鸟身而有短尾"，很明显就是代表传说中的春神、木神、东方之神句芒。《山海经·海外东经》说："东方句芒，鸟身人面，乘两龙。"郭璞注："木神也，方面素服。"方面即方形头。句芒之所以叫这个名字，是因为他主要掌管草木五谷的生长，"句芒"即"句萌"，《礼记·月令》说季春三月，"生气方盛，阳气发泄，句者毕出，萌者尽达"。在帛书中，春季之神名为"秉"，其字形就像手里拿着一束稻穗一样，正是句芒身为春神的体现。

子弹库帛书，赛克勒－弗利尔美术馆藏

再来看六月"觑（且）司夏"的形象，李学勤先生描述为"形如雄性猿猴，有尾，面有红色边缘，露白。两臂似着长袖"，这是传说中的夏神、火神、南方之神祝融，《山海经·海外南经》说："南方祝融，兽身人面，乘两龙。"目前，学术界已经达成共识，帛书中称夏神为"且"，其实通"祖"，即祖先的意思，而祝融恰好是楚人的祖先。包山楚简、江陵望山楚简、新蔡葛陵楚简等出土文献都记录过楚国祖先的名字，其中就有祝融。杨宽先生则认为，夏神形象中裆部位置表现的就是生殖器的形象，在原始社会有所谓的生殖崇拜，考古遗址中经常会出土一些模拟男根形象的陶器或石器，考古学家统一称之为"陶祖"或"石祖"。这一点又可以和"（且）司夏"对应上。

九月"玄司秋"的形象是一种双首的四足爬行动物，其形像龟，且四爪各绘成钩状兵器状，这应该是秋神、金神、西方之神蓐收。《山海经·海外西经》说："西方蓐收，左耳有蛇，乘两龙。"郭璞注："金神也，人面，虎爪，白毛，执钺。"蓐即农，所以蓐收又是司农之神，与秋天收获粮食有关。

十二月"司冬"也很特别，杨宽先生描述其形象为："人体正面站立，巨头方面，大耳，头顶有并列的两条长羽毛，口吐歧舌向左右分布成直线，两手握拳向左右张开，上身穿黑色短袖，露出下臂。"这是传说中统治北方的水神、北海之神禺疆。"荃"字从"余"声，与"禺"音接近。《山海经·海外北经》记载："北方禺疆，人面鸟身，珥两青蛇，践两青蛇。"郭璞注："字玄冥，水神也。"也就是说，禺疆乃玄冥，而玄冥又被认为是古史传说中的鲧。《国语·鲁语上》记载："鲧障洪水而殛死，禹能以德修鲧之功，故……

子弹库帛书摹本

夏氏……郊鲧而宗禹。"鲧被认为是大禹的父亲，曾经治理洪水长达九年，用在岸边设置河堤的障水法，缓解了中原泛滥的洪水，救万民于水火之中，劳苦功高。但水却越淹越高，历时九年未能彻底平息洪水灾祸，这才有了大禹治水。也正因此，鲧、禹同被尊称为水神。

三篇当中，要数乙篇《四时》的故事最为完整丰富，堪称我国最早的创世神话。

传说在远古洪荒时代，天神包戏娶了女填为妻，他们生下四个儿子，名青□榦、朱□兽、翏黄難和□墨（黑）榦，也就是十二月神中的秉、（且）、玄、（涂）四神。包戏、女填让他们镇守四方、观测天象，于是有了"四时（四季）"的概念。

又经过了千百年的时间，日月的观念产生了。这时，在九州这块土地上，地面不平，山陵崩塌，于是炎帝命令祝融，以青、朱、黄、墨四神重建宇宙秩序，四神以四木重安三天、重立四极，因此才有了按日月之行排定的四时。

接着，共工又创造了十日四时，用十日四时计算时间，把每日分为朝、昼、昏、夕四时。这便是流传至今、通行的历法。

这个神话故事共提到了九位传说人物，其中，炎帝、祝融、共工都是我们所熟知的，那么包戏、女填是谁呢？其实，包戏就是伏羲，女填可能就是女娲。在上古时代，人们书写重音不重形，所以同一个名字会出现多种不同的写法，比如伏羲就有伏戏、伏牺、伏希、虙羲、虙戏、虙牺等十几种写法。

在后世很多古文献中，都说伏羲、女娲是一对兄妹，他们为了繁衍后代，又结成了夫妻。比如，《风俗通义》就说："女娲，伏希（羲）之妹。"《春秋世谱》也说："华胥生男子为伏羲，女子为女娲。"久而久之，我们就真以为伏羲和女娲既是兄妹，又是夫妻了。

然而，根据子弹库楚帛书中乙篇《四时》的记载，事实并不是这样的，它明确提到，伏羲出生于虘这个地方，后来又娶了另一个部族的女子为妻，名为女娲。这里可以清楚地看到，伏羲和女娲分别属于不同的氏族，所以当然不可能是兄妹关系。

类似于伏羲女娲这样颠覆以往认知的发现，在楚帛书里还有很多。再往深咱就不聊了，毕竟对很多内容学者们都还有争议呢。

《伏羲女娲交尾图》，新疆博物馆藏

子弹库楚墓的再发现

子弹库的故事，还没有结束。

在子弹库被盗 31 年后，1973 年 5 月，旧墓重启，湖南省博物馆对墓葬进行了科学考古发掘。这不发掘不打紧，一发掘又出土了另一件稀世珍宝：《人物御龙帛画》。

这幅帛画是细绢地，呈长方形，长 37.5 厘米，宽 28 厘米。最上横边裹着一根很细的竹条，上系有棕色丝绳。整个画幅因年久而呈棕色。出土时平放在椁盖板与外棺中间的隔板上面，画面向上。

从画面看，正中为一有胡须的男子，侧身直立，手执缰绳，驾驭着一条巨龙。龙头高昂，龙尾翘起，龙身平伏，整个身形让人感觉像是一艘船的形状。在龙的尾部，还站着一只仙鹤，圆目长喙，昂首仰天。左下方，是一条鲤鱼。除此之外，男子的头顶上方还有一个舆盖，上面有三条飘带迎风拂动。

整个画面中，舆盖的飘带、男子衣着的飘带、龙颈所系缰绳的飘带，拂动的方向一致，似乎有一股风吹过，显得特别灵动。

发掘现场，熊传薪、何介钧、周世荣蹲在盗洞旁，查看新发现的帛画

《人物御龙帛画》，湖南博物院藏

《人物御龙帛画》因其画面内容丰富，再加上出土于墓葬之中，与先秦时期的丧葬文化有关，所以画面的内涵及用途成了众多学者讨论的焦点。

发掘者认为，整个帛画的内容表现的是乘龙升天的形象。在《楚辞》中，提到神仙乘坐龙车的情况，比比皆是，比如屈原的《九歌》中，说大司命是"乘龙兮辚辚，高驼兮冲天"，湘君是"驾飞龙兮北征，遭吾道兮洞庭"，东君是"驾龙舟兮乘雷，载云旗兮委蛇"。

不过，既然是升天的话，为什么帛画中的龙不是腾云驾雾的样子，而是一艘船的形状，似乎是在扬帆起航呢？这可能和古人想象的神仙世界有一定关系。古代传说中，神山基本都在海中，《山海经》就记载，海上有三座仙山，它们分别是蓬莱、瀛洲、方丈。

这时候，有人要问了，帛画里还有仙鹤、鲤鱼呢，它们又有什么寓意？在古代，古人管仙人乘的车，叫作鹤驭、鹤驾，我们现在经常说的一个词，叫"驾鹤西去"，其实最初的意思，就是指一个人成仙了。所以这里的仙鹤，也是和龙一个意思，代表的是飞升。而鲤鱼，是水中的生物，表示的是在江河湖海中遨游，和"龙舟"的形象相对应。

因此，帛画上龙、鹤、鲤都表示成仙登天的思想，它们紧紧围绕主题，互相补充。

不过，有学者提出了另一种全新观点，画面中的男主人，明明就是先秦时期非常流行的神话人物：河伯！

这怎么理解？帛画中有鱼，说明画中男子是在水中游行，而不是在陆地，更不可能是为了升天；右边的仙鹤，并未展翅飞翔，而是双脚着地，因此仙鹤一定是在水边的陆地上，而不是在天空中。而男子所驾驭的龙，在先秦人眼中，分明是活动于水中的巨物，这在古书中有很多证据，比如《荀子·劝学》："积水成渊，蛟龙生焉。"《荀子·致士》："川渊者，龙鱼之居也。"所以，这幅帛画表现的应该是水中的场景。

而所谓河伯，是古代神话中的水神，原名叫冯夷，因为渡河淹死，之后被天帝封为了水神。1983 年，河南南阳王庄出土了一批东汉画像石，其中有一幅《河伯出行图》，图中的河伯坐在四条鱼拉的车上，前有二人持盾牌开道，左右有两条鱼护卫，后有二人骑鱼随从。

由此可见，河伯在水中出游的观念，必然出现在东汉之前，或许可以溯源到战国甚至更早。而且河伯出游，也有"乘龙"的时候，《山海经·海内北经》："从极之渊，深三百仞，维冰夷恒都焉。冰夷人面，乘两龙。"冰夷就是水神冯夷的异文，是"乘两龙"。《楚辞·九歌·河伯》也称河伯出游的景象是"驾两龙兮骖螭"。所以，《人物御龙帛画》中河伯乘龙出游，似乎也说得通。

两种观点都有一定道理，孰是孰非大家自有判断。接下来我们再来解决另一个疑点：墓主人为什么要把一幅帛画，放到自己棺材盖这么重要的地方？

对于任何文物，我们都不应孤立地看待，而是要放到当时的整体环境中考虑。《人物御龙帛画》出土于战国时期楚国疆域内，无独有偶，目前其他几件著名帛画，例如陈家大山出土的战国楚墓《人物龙凤帛画》、马王堆西汉墓帛画，都是在古代的楚国境内。同时，这几件文物都出土于墓主人棺材盖的上方，这说明它们的用途应该是类似的。

《人物龙凤帛画》，湖南博物院藏

马王堆汉墓出土《遣册》，湖南博物院藏

根据马王堆汉墓中随葬的《遣册》，也就是记录墓中随葬品的清单，我们可以知道，马王堆汉墓中帛画的正式名称叫作"非衣"。所谓非衣，指的是丧葬出殡时领举的一种旌幡，画面主题内容是"引魂升天"或"招魂安息"，入葬后作为随葬品盖在棺上。屈原写过一首叫《招魂》的楚辞："帝告巫阳曰：'有人在下，我欲辅之。魂魄离散，汝筮予之。'"说明当时给死者招魂是件很流行的事情。

以此类推，《人物御龙帛画》应该也是一件"非衣"，其主要作用就是招魂，所以它最终才会被放置在墓主人的棺椁之上。

参考文献 ————————————————————————————————

[1] 李零 . 子弹库帛书 [M]. 北京：文物出版社，2017.

[2] 商承祚 . 战国楚帛书述略 [J]. 文物，1964（9）.

[3] 邓昭辉 . 文物界奇人蔡季襄 [J]. 湘潮 .2006（11）.

[4] 何介钧，周世荣，熊传新 . 长沙子弹库战国木椁墓 [J]. 文物，1974（2）.

[5] 蔡季襄 . 关于楚帛书流入美国经过的有关资料 [J]. 船山学刊，1998.

[6] 傅举有 . 帛书、帛画出土记——长沙子弹库 1 号楚墓的盗掘与再发掘 [J]. 上海文博论丛，2005（2）.

[7] 梁培先 . 画外霓赏：名画中的社交礼仪 [M]. 北京：文化艺术出版社，2012.

[8] 庞光华 . 是御龙升天还是河伯出游——再论楚帛画《人物御龙图》[J]. 五邑大学学报（社会科学版），2012（1）.

[9] 杨宽 . 楚帛书的四季神像及其创世神话 [J]. 文学遗产，1997（4）.

[10] 李春艳 . 楚帛书四季神原型考及其原始文化意蕴 [J]. 湖北民族学院学报（哲学社会科学版），2014（6）.

国宝流浪记

敦煌国宝劫难记

说起敦煌文物，很多人会想起国学大师陈寅恪提到一句话："敦煌者，吾国学术之伤心史也。"敦煌藏经洞文物的流失与破坏，可以说是我们中华民族永远的痛。

目前，流散在海外的敦煌文物，分别被藏在英、法、俄、日、美等十多个国家的四五十个机构中。而在中国，敦煌文物主要藏于北京的国家图书馆，仅有8679卷，再加上一些破烂残页，总共9000多卷。这9000多卷，仅仅占了藏经洞文物总数的五分之一。

网上有一句总结敦煌文物的话，读来特别悲痛，说敦煌文物，藏于英国者最多最好，藏于法国者最精最良，藏于俄国者最驳最杂，藏于日本者最隐最秘，而藏于中国者，最散最乱。

"最散最乱"，这四个字，很好地概括了目前我国敦煌文物的收藏现状。为何会造成如今这样的结局呢？这一切，还得从一百多年前说起……

斯坦因的诡计

1907年3月某天清晨，马尔克·奥莱尔·斯坦因（Marc Aurel Stein，1862—1943）冒着刺骨的寒风，第一次来到了敦煌。

斯坦因是一名探险家和考古学家，1862年出生于匈牙利首都布达佩斯的一个犹太人家庭。和那个时代大部分探险家一样，斯坦因也精通多门外语。10岁的时候，他被送到德国上学，在学校里，他学会了德语、英语，还精通希腊文和拉丁文。中学毕业后，斯坦因又进入奥地利的维也纳大学、德国的莱比锡大学和图宾根大学专攻东方学，并学会了梵语和波斯语。

斯坦因

但这位语言天才在进入中国探险的时候，偏偏没有学习汉语。所以即使斯坦因有满身"武艺"，来到了中国，也是水牛抓跳蚤——有劲使不上。

语言不通怎么办？简单，找翻译。1904年，斯坦因加入英国籍，并在英属印度政府和大英博物馆的资助下，于1906年开始了第二次中国考察。在新疆喀什，一个偶然的机会，他听说了一种叫作"师爷"的职业，这类人不仅深谙中国官场内幕，懂一些潜规则，又熟悉中国传统文化，是典型的中国知识分子。斯坦因决定聘请一位这样的中国师爷来当翻译，一方面可以帮助自己疏通一下官场的关系，另一方面还可以教自己中文，帮忙做一些出土文字的释读。

而恰巧，喀什正好有一位蒋师爷旅居于此。

蒋师爷

蒋师爷大名蒋孝琬，之前一直在新疆的莎车衙门任职，后来不知什么原因，不给官府做事了，来到喀什想混个新的差事。令他万万没想到的是，找上门请他做事的，居然是个外国人。要知道，在那个年代，金发碧眼的外国人可是个稀罕玩意儿，而且斯坦因还有清政府颁发的护照，上面的职位写的是英国大臣。虽然他并不知道英国是在中国的东边还是西边，但这并不妨碍他对这位外国人的崇敬之情。

出于重视，蒋师爷又询问了具体的工作内容，斯坦因表示，任务很简单，就是跟着自己到沙漠里探险，寻找古代遗址。蒋师爷一听，两眼放光，这可太巧了，他自己也是个古董爱好者，老祖宗的东西他最喜欢了，正好可以趁着这次探险，捎带顺一些宝贝回去。

双方一拍即合结成了同盟，开始了沙漠中的探险。

第二次中国之行，斯坦因先是重访了和田尼雅遗址，并发掘了罗布泊南边的若羌米兰遗址，发现了著名的"有翼天使"壁画。1907年2月11日，斯坦因结束了米兰遗址的发掘，开始动身前往敦煌。

敦煌，一个在中国历史上熠熠发光的名字，曾经连接东西方贸易的咽喉要道。不过，此时的敦煌早已不是古代丝绸之路上的那颗明珠，而仅仅是一个被人遗忘的，只有十八万人口的沙洲小县。要不是之前斯坦因的启蒙导师，匈牙利地质研究所所长拉乔斯·洛克

"有翼天使"壁画，米兰遗址，大英博物馆藏

齐曾经考察过敦煌莫高窟，并将敦煌艺术介绍到欧洲，斯坦因是压根不会注意到这么个地方的。

他们当时的计划是，先在敦煌待两个礼拜，简单考察一下洞窟，然后补充一些粮食和饮水，再到罗布泊沙漠进行考古发掘。在那里，斯坦因发现了一条古代防线，他坚信那是长城向西延伸的一部分。

结果刚到敦煌，斯坦因就从一位名叫扎希德伯克的土耳其商人那里得知了一个大新闻：一个叫王圆箓的人在几年前偶然打开了莫高窟一间密闭的藏经洞，发现里面藏有大量的古书和文稿。

王圆箓是一个出家的道士，据说他出生于湖北农村，八九岁时因为饥荒来到了西北，曾经在军营里混过，退伍后无事可做，就当了道士。后来他来到敦煌，在莫高窟定居了下来。当地人称他为王阿菩，意思是他有菩萨一样的心肠。人们还说他很节俭、很辛苦，一年到头都见他在四处云游化缘。

道士王圆箓，斯坦因拍摄，1907 年 6 月
11 日

　　一个道士，怎么会生活在佛教洞窟里呢？这是因为，那时候的
敦煌人佛教道教都信，对他们来说，两者没什么区别，不过都是乱
世之中的一种心理慰藉罢了。所以，一个道士当了莫高窟的管理员，
也不是什么稀奇事。

　　1900 年，王道士打算重修和改造莫高窟，他所做的第一件事
情就是清除底层洞窟中的积沙。在清理到第 16 窟时，他突然发现，
16 窟的甬道壁上居然还藏着一个被人为封闭的小窟！这就是被后
人称为藏经洞的莫高窟第 17 窟。在藏经洞内，整齐摆放着无数个
布包，每个布包内都裹着十几卷古文书，其数量之多可以装满几辆
马车。

莫高窟第 17 窟藏经洞

发现藏经洞宝藏后，王道士立即将消息上报敦煌县令，最终甘肃省府下了一道命令，下令将所有写卷就地封存。因此，这批宝贝又被封存在发现它们的石室里，由王道士负责妥善保管。

听完了故事的来龙去脉，斯坦因对这些难以释读的经卷手稿产生了强烈的兴趣，作为一名天才的语言学家，他明白这些古老的手稿里一定藏着许多秘密。

斯坦因立马带着蒋师爷，从敦煌县城出发，走了十二里地，来到莫高窟，想要一探究竟。结果好巧不巧，当时敦煌一年一度的浴佛节刚刚结束，王道士忙完浴佛节后，就出门化缘，去筹集兴建庙堂的经费去了。

吃了闭门羹的斯坦因不死心，独自绕着莫高窟探索了一圈。在调查笔记中，他非常激动地描绘了第一眼看到莫高窟千佛洞的情景：

在几乎垂直的砾岩峭壁上，许多昏暗的洞窟，大多都很小，规整地密密麻麻从河流几乎冲到的崖底一直分布到顶上的灰暗崖壁上——这奇特的景象使我回想起史前穴居洞窟里的奇特绘画，我记得这是我很久很久以前看到过的早期意大利绘画。这种幻觉并没有持续很久。我穿过很宽但又很薄的冰面，来到最低处，发现一排排洞窟并非直接立于碎石河床上，其前面有一窄条冲积层。我立即看到所有洞窟的墙上都绘满了壁画——不管多么神圣，千佛洞确实不是给佛教隐士居住的，而是给佛像居住的。洞窟中的主人象征着圣地。

不过，纵然一排排洞窟令斯坦因新奇，他心心念念的仍然是那藏经洞。他沮丧地发现，窟门已经被安上了木门，锁起来了。正在这时，他们发现院子里还有个小和尚，一问之下，原来是奉王道士命令留下来看守洞窟的。小和尚透露，他的师父是一个西藏来的和尚，住在一间临时的小屋子里，那里本来是供前来敦煌朝圣者们居住的地方。和尚还曾向王道士借了一份经卷，放在小屋子里做装饰。

听到这里，一旁的蒋师爷心生一计，他忽悠小和尚说："你仔细瞧瞧，眼前的这位洋人，可是位佛教居士，专程从佛祖的家乡印度来到这里，就是为了看一眼那些祖先流传下来的经文。"

小和尚懵懵懂懂，不辨真假，非常轻易地就将师父住处的经卷拿给他们看了。斯坦因小心翼翼打开包裹着经卷的黄绫，只见里面露出一卷高约一尺、颜色淡黄、保存极好的纸质长卷，上面写的是

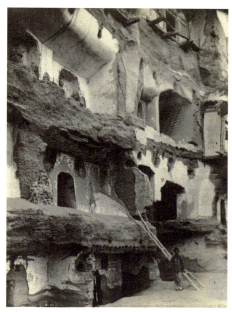

敦煌莫高窟第 432 窟附近的洞窟群，
斯坦因拍摄，1907 年 5 月 31 日

字迹工整的汉字。因为斯坦因不认识汉字，所以让蒋师爷诵读出来。

斯坦因全程听得云里雾里，但不久他就弄明白怎么回事了。从蒋师爷不断读到的"菩萨""般若密"之类的词汇，他判断出这应该是由梵文转译过来的《菩萨经》和《金刚般若波罗蜜经》。

意识到经卷的重要性后，斯坦因作势掏出银锭，打算向小和尚购买这卷经书。蒋师爷瞧见，赶紧使了个眼色，暗示不要着急，这"敌人"的底细还没有摸清呢，贸然动手的话，很可能就热脸贴冷屁股了！斯坦因赶紧恭敬地把经卷奉还给了小和尚，给了他一些碎银子，作为香火钱，并表示王道士回来了，务必要告诉他们。

结果这一等，就是两个多月。1907 年 5 月 21 日，斯坦因再次来到莫高窟。这一次，迎接他的除了小和尚，还有他"日思夜想"的王道士。此前两个月，斯坦因已经从各处消息了解到王道士是一个恪尽职守、非常用心的人。或许是出于对宗教的虔诚，尽管王道士不懂藏经洞古文书的价值，却容不得别人有任何粗鲁的举动，平时更不敢随便打开示人。因此，斯坦因早已做好心理准备，这是一场持久战，急不得。

一开始，斯坦因假装是位游客，只对其中几个重要的洞窟进行考察，并拍了一些壁画的照片，但绝口不提藏经洞的事。等到他认为王道士放松了警惕后，便打出了手里的第一张牌：银子。

斯坦因让蒋师爷去悄悄试探：你王道士不是想要翻修寺庙建筑嘛，我可以给你一笔捐款。有了这笔钱，你就不需要低声下气四处化缘了，也不需要再紧巴巴地过日子了。但前提是，需要交换一些藏经洞里的经书文书。

王道士听了之后十分感动，然后拒绝了。拒绝的理由很简单：我王圆箓虽然搞不明白这洞里藏的究竟是什么东西，但我是有信仰的，我得为这些宝贝负责。你可以用钱侮辱我，但不能侮辱我的信仰。另外，藏经洞里发现经书这件事，已经被兰州的一些官员知道了，他们责令我要妥善保管这些经书。要是之后被发现少了一些，那可是要掉脑袋的呀！

吃了闭门羹的蒋师爷只得回到斯坦因住处，重新开了个作战会议。

一番复盘后，二人决定采取新方案：投其所好，对症下药。在前几天的考察中，斯坦因发现，王道士绝对是个对信仰无比虔诚的人，来莫高窟八年，他一直省吃俭用，将积攒下来的钱全部投入莫高窟的修缮工作中，他不仅修复了庙宇，新塑了泥像，甚至还重新绘制了壁画，尽管这些举动如今看来或多或少破坏了文物，但也足以说明王道士的赤诚之心。斯坦因逮到个时机，对王道士说："我也是个艺术爱好者，听说您造了很多宏伟的建筑和精彩绝伦的壁画，能不能有幸去参观一下？"

王道士从来没想过，自己苦心经营的心血居然会被人肯定，而且还是个外国人！这简直是"久旱逢甘霖，他乡遇故知"。他立马拉着斯坦因来到老君堂前，给他看新绘的壁画《唐僧西天取经图》。

1907 年斯坦因拍摄的王圆箓在莫高窟第 16 窟
新绘的《西游记》壁画前

斯坦因看着墙上俗套的构图、大红大绿的色调，实在是喜欢不起来。但没办法，任务不能忘，他用事先就已想好的词汇进行恭维："画得好，画得妙！我还从未见过如此别开生面的壁画！"王道士倍受鼓舞，又给他介绍了另一幅壁画《龙马图》：讲的是观世音菩萨向玉皇大帝讨来龙王三太子，变成了一匹白马，正驮着唐僧翻山越岭去西天取经的故事。

　　在交谈过程中，斯坦因发现王道士对玄奘有着近乎迷信的崇拜，于是，他开始向王道士谈起了自己与玄奘故事：他谎称自己来自印度，毕生追求就是去追寻玄奘曾经到达和描述过的圣迹。追随着玄奘的路线，他来到了这里，玄奘是去西天取经，自己则是东游记，为的就是一睹大唐留下的经卷。如果有机会的话，还希望将这些经卷带回去，物归原主。

　　随着斯坦因栩栩如生的讲述，王道士的眼神逐渐发光，甚至露出了一种近乎入迷的表情。这时候，斯坦因感觉，马上要接近胜利了。

　　当天晚上，蒋师爷火急火燎地来到斯坦因的帐篷，激动地从衣服底下拿出几本手写经卷。果然，王道士卸下了防备，但秉着谨慎的性格，只打算拿几卷经书让他们开开眼。

　　蒋师爷和斯坦因用了整个后半夜的时间，全神贯注地翻阅这些手稿，辨认其中的文字。天蒙蒙亮的时候，他们有了一个惊人的发现：这些经书，正是玄奘翻译的佛经！

　　看来连上天都在帮斯坦因。王道士随手从藏经洞里拿出的几卷经书，仅仅只占总藏书量的万分之一，而恰恰这随意的万分之一，正好与玄奘有关系。如此巧合，被斯坦因添油加醋描述了一番，立马变成了神的意旨：这分明就是玄奘在天显灵，故意把佛经给斯坦因，好让这位从遥远的印度来的追随者，把经书送回原来的地方去啊！

王道士被"神迹"所感动，内心不再纠结，终于打开了藏经洞的大门。在王道士所掌的微暗的油光灯中，斯坦因得以窥见洞室全貌。只见一束束经卷一层一层地堆在那里，密密麻麻，散乱无章。经卷堆积的高度约3米，后来测算的结果，总计近15立方米，这简直是一个宝库。

接下来的几天，斯坦因都在翻阅古书中度过。由于藏经洞实在是过于狭小昏暗，想在里面工作是不太可能的，于是斯坦因建议把这些手稿都搬到庙里比较宽敞的房间里，方便仔细阅读。

王道士一听，这可万万使不得！莫高窟每天有那么多善男信女来呢，如果他们看到了经卷手稿，事情不就暴露了，到时候我这老脸往哪搁呢！他坚持自己动手，每次从藏经洞里搬出一捆，然后运到大殿两侧的耳房里，这样就可以避开不速之客好奇的眼光了。

每天晚上，蒋师爷又将白天精挑细选出来的文物搬进斯坦因的帐篷里，做"更加仔细的研究"。王道士当然明白这意味着什么，但睁一只眼闭一只眼，并借此要了一笔捐款。

1907年斯坦因拍摄的敦煌藏经洞经卷相对原始的状态

最后，斯坦因仅仅用了 40 块马蹄银，相当于 500 卢比的价格，就换走了他精心挑选出来的画卷和写卷文书，再加上 55 捆典籍写卷。而王道士唯一的要求就是：这整件事情，天知地知，你知我知，千万不要向外人提及。斯坦因寻思着以后可能还会再来，当然乐意保守这份秘密。

再后来，敦煌的局势恶化了起来，当地百姓为了抵抗粮税，和官府起了冲突，斯坦因担心夜长梦多，准备迅速离开敦煌。

16 个月后，24 箱装满手稿的箱子和 5 箱装有绘画、绣制品的箱子，平稳地堆放在了伦敦大英博物馆的库房里。

7 年之后，斯坦因再度来到敦煌。虽然此前清政府已经将敦煌文书收缴国有，运至北京，但王道士仍然偷偷私藏了 1000 多卷文书。这些文书中的大部分，又被斯坦因以 500 两银子的价格买下，运回了英国。

斯坦因运回英国的藏经洞文物，可以说是类型多样，件件精品，这里我们选取几件加以说明。

如今我们说起藏经洞文物，首先想到的肯定是卷帙浩繁的经卷文书，但其实那些秘藏千年的珍贵绢画也是藏经洞的无上珍宝。所谓绢画，也被称为帛画，是以丝织品为原料，采用天然的绘画原料，运用传统工艺绘画技法绘制的国画品系，是中国传统绘画的一种。敦煌藏经洞的发现，使大量 8~10 世纪的绢画作品得以面世。这些绢画内容极其丰富，有各种佛像、菩萨像、经变画、佛教史迹画、供养人画像和装饰图案画等。如今，这些绢画同敦煌文书一起流失海外，大多数流散于英国、法国、印度、俄罗斯等国，其中尤以英国大英博物馆和法国吉美博物馆收藏最丰。

五代时期的《行道天王图》现藏于大英博物馆。所谓行道天王，即毗沙门天王，也叫作多闻天王，它是一种区别于单尊毗沙门天王或配置少数眷属的图样，一般由毗沙门天王与其他天王及众眷属组合而成，场面宏大，形象众多，结构复杂。画面中的毗沙门天王头戴宝冠，身着铠甲，乘坐一匹带有华丽鞍具的白马从城中奔出，并回首与身后的男、女供养人相望。男供养人双手持笏，女供养人合掌敬立，恭敬地目送天王离去。天王四周还有他的五位太子，分别为禅腻师、独健、哪吒、常见及最胜，他们手持象征毗沙门天王的塔、幡、弓、剑及旌旗。天王马下，还有飘落的宝珠、钱币、金瓶等宝物，象征着毗沙门天王"施财"的特性。画面上方绘有绵延的山峦，象征着毗沙门天王守护的须弥山之北方世界。另外右上方还有一条榜题，中间书写："水路（陆）天王行道时，施主徐汉荣一心供养。"由此可知，该画的供养人名为徐汉荣，应该就是画面中持笏的那位男性。从绘画风格看，该画应该绘于 10 世纪中叶。

《行道天王图》，
大英博物馆藏

斯坦因带走的《行道天王图》不止一幅，另一幅绢画《行道天王图》主旨类似，但表现形式有异。画面中，毗沙门天王在众眷属的簇拥下巡游于海上，天王脚底下的海浪刻画得形象生动。画面上方依旧是绵延的山峦，还绘有一身赤发带翼的尖嘴人形形象，呈飞逃状，与之相对的，左下方有一眷属正搭弓打算将其射落。

由此可见，唐代以来毗沙门天王信仰应该是相当兴盛的，不然敦煌一带也不会有如此多以此为主题绘制的绢画。

《行道天王图》，大英博物馆藏

斯坦因还带走了一幅极其珍贵的《敦煌星图》，这是目前世界上现存星图中最古老、星数较多的星图之一，约绘制于唐中宗时期（705—710），现藏于伦敦大英图书馆。星图按圆圈、黑点和圆圈涂黄三种方式共绘有恒星1350多颗，分布在257个星官之中，涵盖了当时北半球通过肉眼所能看到的大部分恒星。

斯坦因将星图带到英国后，起初并未引起注意，直到1950年代，著名科技史学家李约瑟首先发现其价值，并在《中国科学技术史》中加以介绍，给予了高度评价，称其为"世界上现存最早的科学星图"。

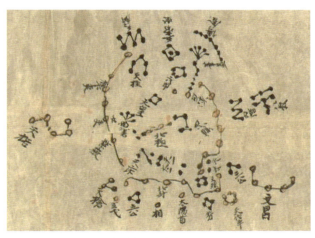

《敦煌星图》，大英博物馆藏

唐咸通九年（868）的《金刚般若波罗蜜经》是世界上现存最早的标有明确刊刻日期的印刷品，也被斯坦因于1907年盗至英国，现藏于大英图书馆。

《金刚般若波罗蜜经》由卷首画、经文及施刻人组成。卷首画长 28.5 厘米，榜书"祇树给孤独园"，说明画面描绘的是释迦牟尼在舍卫国祇树给孤独园向四众弟子宣说《金刚经》的场景。画面中央，释迦牟尼身着通肩袈裟，正结跏趺坐在莲花筌蹄上说法。佛的身后是众弟子、菩萨、二护法力士，身前有一供桌，上面摆放着各式供品。桌前有一比丘脱鞋胡跪于台前，正双手合十问法，由边上榜书可知，此人为"长老须菩提"。整幅画面构图繁简得当，刻板技法高超细腻，线条圆润流畅，是当之无愧的版刻艺术精品。

《金刚般若波罗密经》卷首画，大英博物馆藏

伯希和与斯坦因的较量

从王道士亲手为斯坦因打开藏经洞大门的那一刻起，潘多拉的魔盒就此打开，王道士费尽心思保守的秘密，再也捂不住了。斯坦因之后，陆陆续续有很多探险家"光顾"了藏经洞。

紧随斯坦因而来的，是法国汉学家伯希和（Paul Pelliot，1878—1945）。1908年2月，他风尘仆仆地赶到了敦煌。

伯希和出生于法国巴黎，是一个天才的语言学家，据说精通13门语言，常见的如英语、德语、俄语自不必说，小众的波斯语、越南语、蒙古语、吐火罗语也是炉火纯青，最关键的是，他能够说一口流利的汉语。

你可别以为这里说的"流利"，仅仅是会日常口语那么简单，就跟咱们都会在简历上写熟练使用office三件套，但其实也就会些基本操作一样。伯希和的汉语水平之高，不仅会读会说，关键时刻还能救命。1899年，年仅21岁的伯希和被选为印度支那古迹调查会的寄宿生，之后印度支那古迹调查会改称为河内法兰西远东学院，伯希和被派遣到中国进行考察。到达北京后，伯希和就遇上了义和

伯希和

义和团运动期间的法国公使馆成员

团运动，被困在法国公使馆不得脱身。但是，凭借着一口流利的北京话，趁着双方停战之时，他居然走出公使馆，跑到了清军阵营，和清军将领称兄道弟，最后还被清军护送回了法国公使馆。由此可见，伯希和的汉语水平真不是盖的。

1905年，斯坦因第一次中亚探险结束，有诸多考古新发现的消息传入欧洲，引起了欧洲汉学界的广泛关注。在这一背景下，伯希和于1906年受法国金石和古文字科学院及亚细亚学会的委派，前往中亚进行考察。

一路上，伯希和凭借着一口漂亮的中国话，很容易就得到了中国官员的好感和帮助，可以说是畅行无阻。这其中，对伯希和帮助最大的是一个叫载澜的官员。载澜是惇亲王奕誴的第三子，光绪皇帝的堂兄，曾被封为辅国将军、辅国公，妥妥的皇亲国戚。但因为在八国联军侵华过程中得罪了联军，之后的议和中，联军指定载澜为"首祸"之一。清廷迫于无奈，只得夺爵严惩，定为斩监候。后念及皇亲骨肉，又特加恩典，改为发配新疆。因为载澜是清朝宗室，瘦死的骆驼比马大，时任新疆巡抚饶应祺非但不严加管制，反而好吃好喝伺候着，不仅将一栋大宅子借给他居住，还由藩库每年支给他纹银8000两作为生活开支。因此，载澜在新疆依旧过着贵族生活，当地人都称他为"澜公爷"。

不久之后，伯希和来到迪化（今乌鲁木齐市），与载澜交上了朋友。关系熟稔之后，载澜得知伯希和此行的目的，于是非常大方地赠给他敦煌藏经洞发现的8世纪佛经一卷。嗅觉敏锐的伯希和如获至宝，决定立即前往敦煌寻宝。

伯希和（后右二）与载澜（前右一）

1908 年 2 月，伯希和抵达敦煌莫高窟。结果好巧不巧，王道士又出去化缘了。伯希和随即赶往敦煌县城，找到了王道士。没费多少口舌，王道士就答应让伯希和进入藏经洞了。

你可能纳闷了，这王道士的态度转变得也太快了吧？之前斯坦因软磨硬泡、死缠烂打那么久，他才不情不愿地打开藏经洞。怎么到了伯希和这里，就那么轻而易举呢？

网上有句话是这么说的：很多事情，只有零次和无数次的区别。王道士也一样，一方面，他尝到了用"捐款"来修缮建筑的甜头，但莫高窟需要修缮的地方太多了，钱根本不够用，他需要更多的钱。另一方面，王道士最担心的，是斯坦因把这件事情泄露出去，所以之前斯坦因走的时候，他千叮咛万嘱咐让他不要泄密。现在，这位欧洲来的新房客压根未谈及斯坦因，这让王道士觉得，这些洋人在保守秘密方面，多少是值得信赖的。此外，伯希和的中文实在是太流利了，这让王道士对他又多了一丝好感。

有了和斯坦因打交道的经验，王道士现在做起这种生意来，显得驾轻就熟。这一回，他甚至耍起了小聪明。他对伯希和说："斯坦因您认识吧？当年可是花了大价钱，才买走藏经洞里的文书的。"言下之意是说，想要进藏经洞，就得看看你有多少"诚意"了。

王道士自作聪明的暗示，正中伯希和下怀。俗话说的好，能用钱解决的，那都不叫事儿，就怕你不贪财啊！

就这样，1908 年 3 月 3 日，在到达敦煌将近一个月后，伯希和终于如愿以偿进入藏经洞。

进入藏经洞那一瞬间，他就立即纠正了先前的偏见。从 1900 年藏经洞发现至今已有 8 年，伯希和以为这几年随着文物的不断流失，洞里的宝贝已经所剩无几了。但他发现，藏经洞内的三面墙上，仍旧堆满了书卷。大量的藏文写本夹在两块木板之间，用绳子捆着，堆放在一个角落里。

伯希和在心里快速计算了一下，目测洞内手稿的数量在 1.5 万至 2 万件之间，如果自己每一卷都打开并且仔细检查的话，一天只能看 100 卷，全部看下来至少要花六个月时间。很显然，这是绝对不可能的事。但最后，伯希和还是咬牙做出决定，一定要亲自把每本书卷都检查一下，哪怕只是匆匆瞄一眼。

就这样，凭借着微弱的烛光，伯希和蹲伏在藏经洞狭小的空间里，以差不多一天 1000 卷的速度，度过了三个多星期。他将挑出的书分成两堆，一堆是其中的精华，是不惜任何代价一定要拿到的；另一堆也是需要的，但不是必不可少的。

1908 年，伯希和在藏经洞里挑选经卷

　　每经过一段时间，伯希和就和他的两个同事，将手稿塞进外套里偷偷带出来。多年以后，他的同事、地理学家路易·瓦扬（Louis Vaillant，1834—1914）回忆道：

> 外衣里面全塞着他最感兴趣的发现……喜悦溢于言表。某天夜里他带了一本景教圣约翰福音给我们看；还有一回是可以追溯到 800 年前的手稿，讲述一个在敦煌南边高高的沙丘上面的神秘的小湖；另外有一回是关于寺庙账目的……

　　因为伯希和是汉学家，不仅中国话讲得好，而且还精通古文，所以他挑选文书的方式与斯坦因截然不同。斯坦因不懂中文，他带走的文书大多是保存完好的佛经，虽然数量多，却没有太高的研究价值。而伯希和挑选的方式却很有讲究，要么选择两面有文字的世俗文书，要么选择有题记的文书，那些汉藏佛经反而没有带走。正因此，尽管伯希和比斯坦因晚来了一步，但他挑选出来的文稿的学术价值，却远远高于斯坦因。说到这，我感觉斯坦因的肠子都要悔青了，来得早不如学得好，便宜全让伯希和占了！

最终，伯希和以500两银子的价格，就把这些文物收入囊中，并漂洋过海运回了法国。如今，法国藏敦煌文物主要被两个机构收藏，法国国家图书馆收藏有伯希和从藏经洞带回的6000多件古代写本，而100多幅绘画、20余件木雕，以及一大批绢幡、经帙、纺织品，则收藏于法国吉美博物馆。

吉美博物馆收藏的一幅《千手千眼观音菩萨图》，是敦煌绢画的代表。画面的上部中心，有一硕大的圆轮背光，圆轮内观音菩萨头戴三角形化佛宝冠，结跏趺坐于大莲花座上，42只大手对称地各持法器、宝物，其中肩上一双大手，一手举日轮，一手举月轮；胸前双手合十；腹前两手作"法界定印"。

圆轮之外，由上至下分别为观音的部众眷属：最上层为四大天王；向下是大辩才天女、婆薮仙；再向下中间供桌上置香炉供养，两旁为日藏菩萨、月藏菩萨持供盘，再两旁是火头金刚、碧毒金刚、大神金刚、密迹金刚等。金刚左右下方两身小像为象头毗那耶哥、猪头毗那也哥。

再来看画面的下半部分，右侧为水月观音，左侧为女供养人像，边上榜题：亡姊三界寺大乘顿悟优婆姨阿张一心供养。中间为发愿文，根据发愿文内容，我们可以得知此画的年代为后晋天福八年（943），是"节度押衙知副后槽使、银青光禄大夫、检校太子宾客"马千进为其去世的母亲阿张祈福超度而做。

《千手千眼观音菩萨图》，法国吉美博物馆藏

当然，伯希和带走最多的还是各种各样的古代写本，这些写本极具历史研究价值，比如现藏于法国国家图书馆的《沙州都督府图经》是现存最早的唐代图经之一，其对于我国中古时代的历史、社会、地理及方志学方面的研究有着重要的价值和意义。

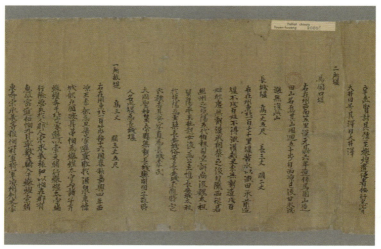

《沙州都督府图经》，法国国家图书馆藏

我国地方志的发展，主要经历了四个阶段，前两阶段为"全国性区域志"阶段（以《汉书·地理志》为代表）和"地记"阶段（以南齐陆澄《地理书》为代表）。第三阶段为"图经"阶段，所谓图经，即我国古典地图中一种独特的样式，它的特点是有图有经（说明文字），以图为主，经说图，图与经相辅相成。后来，图的作用逐渐减小，南宋以后发展到了"地方志"阶段。

在敦煌遗书发现之前，我们看到最早的图经，是北宋末年徐兢的《宣和奉使高丽图经》、南宋张津的《四明图经》、陈公亮《严州图经》等，但这些都已经是"图经"发展的晚期作品了。

　　《沙州都督府图经》被伯希和带到法国后，一开始大家并不知道其内容为何，伯希和将其初步定名为《沙州记》。1909年，国学大师罗振玉收到伯希和寄赠的照片，考证后将其改名为《沙洲志》。1913年，罗振玉认为其为唐代"图经"著作，又易名为《沙洲图经》，并收入到《鸣沙石室佚书》。1916年，伯希和在整理敦煌遗书的时候，发现另一本残卷（伯字2695号）的长度虽远不及《沙洲图经》，但可辨识的部分内容基本与《沙洲图经》一致。最为关键的是，残卷的卷尾有"沙洲都督府图经卷三"字样。至此，我们终于知道它的正式名为《沙洲都督府图经》。

　　《沙洲都督府图经》保存了大量的历史、地理和社会资料，比如里面记载了敦煌周边十九所驿站的具体情况，包括每个驿站的详细位置、与州城的距离、与附近驿站的方位距离、驿站是否有所改设等，均一一记录，有些废弃的驿站甚至还说明了废止年代和原因。比如悬泉驿，"右在州东一百卅五里，旧是山南空谷驿，唐（高宗）永淳二年录奏，奉敕移就山北悬泉谷置。西去其头驿八十里，东去鱼泉驿卅里。"这些记录，远比正史中的《地理志》更加具体详细。

　　《沙洲都督府图经》中"四所杂神"条目还记载了各外来宗教的情况。关于祆教，《图经》中说："州东一里，立舍画神主，总有廿龛，其院周回一百步。"由此可见，当时祆教已经在敦煌一带广泛传播了。

美国"强盗"华尔纳

伯希和之后，又有好几批探险队先后造访莫高窟。第三批到藏经洞寻宝的，是日本的橘瑞超和吉川小一郎探险队，他们分别于 1911 年和 1912 年抵达敦煌，最终从王道士手里弄走了 260 多卷写经。

华尔纳

第四批来到敦煌的，是俄国的奥登堡探险队。他们于 1914 年 8 月 20 日抵达莫高窟，花了大半年时间给 443 个洞窟进行了详细的测绘、拍摄和文字记录，并带走了 66 件幡画、137 件绢画、43 件纸本画、58 件织物、28 尊彩塑，以及剥离下来的 14 幅壁画。

但最让人咬牙切齿的，还是要数"姗姗来迟"的美国人——兰登·华尔纳探险队。

兰登·华尔纳（Landon Warner，1881—1955）出生于美国马萨诸塞州的一个名门望族，他母亲的祖先罗杰·舍尔曼（Roger Sherman）是美国《独立宣言》和《大宪章》的签字人之一，在美国历史上赫赫有名。他的父亲约瑟夫·邦格斯·华尔纳（Joseph Bongs Warner）则是美国著名律师，在马萨诸塞州波士顿一带享有很高的声誉。

1899 年，华尔纳进入哈佛大学，和斯坦因、伯希和这些人不一样，华尔纳语言天赋不高，大学学习的是佛学和考古学。1906 年，华尔纳被波士顿美术博物馆选中，成为该馆的重点培养对象，并被送往日本学习远东（日本与中国）艺术，师从日本著名美术教育家冈仓觉三（号天心，1863—1913）。正是在日本的这段学习经历，让华尔纳开始将注意力转移到了佛教美术，尤其是中国佛教艺术上来。

1910年5月14日，华尔纳和相恋多年的女友罗兰·罗斯福（Roland Roosevelt）结婚，而这位罗兰·罗斯福正是第26任美国总统西奥多·罗斯福（Theodore Roosevelt，1858—1919）的堂妹。结婚之后，华尔纳辞去了波士顿美术博物馆的职位，受美国大收藏家弗利尔的委托，准备到中国北京创办一所美国考古学院。1913年6月，华尔纳夫妇启程前往中国，他们取道英国、法国、德国、俄国，拜访了各国的考古学机构和大收藏家，还参观了斯坦因、伯希和等人从中国西北带走的文物和艺术品，尤其对敦煌文物留下了深刻印象。自那以后，华尔纳对新疆产生了浓厚的兴趣，希望有朝一日也能去那里做实地考察。

不久之后，机会终于来了。1922年，哈佛大学福格艺术博物馆获得了一笔价值600万美元的巨额捐赠，雄心勃勃地打算利用这笔钱的一部分，好好扩充一下馆藏东方文物，尤其是中国的艺术品收藏。毫无疑问，有多次赴华考察经验的华尔纳成了担当这一重任的不二人选。

于是，在1923年，华尔纳和他的搭档，来自宾夕法尼亚州艺术博物馆的霍勒斯·杰恩（Horace Jahn）组成了探险队，来到了中国，一路向西。

不过，此一时，彼一时，此时距离斯坦因从中国带走最后一批珍宝，又过去了八年时间。斯坦因、伯希和在新疆活跃的阶段，尚属于中国晚清时期，大西北的政局相对来说还比较稳定。但到了20世纪20年代，整个大西北已经乱成了一锅粥，不仅民间爆发了抵制外国人的运动，而且各地军阀为了争夺权力不惜互相混战，导致中国的社会秩序全面崩溃。走在路上，随时都会有被土匪打劫的风险。

为了保命，防止沿路的土匪找他们麻烦，华尔纳听从了一位军阀的建议，决定在队伍里的每辆车上都插上一幅星条旗。他特意找了四个中国裁缝来赶制，可是华尔纳和他的同伴都不清楚自己国家的国旗上到底有多少颗星星。最后，这个问题被裁缝们解决了，他们在每面旗上缝了六颗星。因为，整块布的面积有限，只能缝六颗星。

经历了各种磨难，在1924年1月21日，华尔纳终于抵达敦煌。然后，和他的前辈斯坦因、伯希和所遭遇的经历一样，王道士又出去化缘了。这时候，华尔纳骨子里的粗鲁和傲慢体现了出来，他不等王道士回来，径直就来到了石窟里考察。作为一个艺术史家，他对藏经洞里的经书写本兴致缺缺，反倒是对石窟里的雕塑和壁画十分感兴趣。

一连十天，除了吃饭和睡觉外，华尔纳很少离开那里，一窟一窟地看，废寝忘食地看。但有件事情，让他火冒三丈。

大概几年前，一群沙俄军队残部，在苏联红军的追击下，窜入了新疆伊犁地区。为了分散沙俄军队势力，新疆政府收缴了他们的武器，并将他们遣送到甘肃敦煌。然而，敦煌当局为了县城居民的安全，拒绝让士兵入城，不得已他们只能住进了莫高窟的洞窟内，一住就住了8个多月。

这 8 个月内，沙俄士兵在洞窟内随意生火做饭，烧柴火的浓烟逐渐将墙壁上精美的壁画熏得无法辨认。不仅如此，还有一些无聊的士兵在壁画上胡乱涂鸦，大搞破坏。对于这些行为，华尔纳气不打一处来，他在给妻子的书信中写道："……一些优美的肖像脸颊上乱涂着俄国军队的番号。在一个正在讲读《莲华经》的坐佛嘴里，讲出了几句出自斯拉夫人的脏话……"

华尔纳正义感爆棚，决定拯救这些壁画于水火。而他拯救的方式是把这些壁画全都剥离下来。在日记中，他如此评价自己的想法："面对对文化与艺术进行如此破坏的行为，我会连眼睛都不眨地扒光此地全部的壁画。没人敢确定某天中国士兵不会像俄国士兵一样到这里驻扎！……怕是再过二十年，此地就没有什么值得一看的东西了……"

当他把这个想法告诉王道士的时候，王道士非常慷慨地同意了，因为在他看来，这些破旧的、脱了颜色的壁画，简直是一文不值。只要不打他那些新修的壁画塑像的主意，一切好商量。

就这样，华尔纳利用自己从美国带来的能够使壁画分离的特殊溶剂，开始了他自以为是的"拯救"。华尔纳先选好壁画，勾出范围，再用火盆把固定剂加热，然后让木匠爬上木凳，用软毛刷快速把固定剂涂在画面上，接着再由他把浸透胶水的纱布覆盖上去，并紧紧地贴在壁上，直到固定剂渗入画面表层与纱布黏合凝结后，再小心翼翼均匀地用力撕揭，一幅在墙壁上保存了上千年的彩绘，便被牢牢地粘在纱布上剥离下来。

五天时间，华尔纳一共剥离了莫高窟第 320、第 321、第

莫高窟第 323 窟南壁《东晋扬都金像出渚故事画》中被华尔纳粘走壁画的痕迹

323、第 328 窟的壁画 26 方，面积总计 32006 平方厘米。他留给敦煌的，是一块块如同狗皮膏药般丑陋的白墙，而付出的代价仅仅是向王道士"捐赠"150 美元。

如今，这批壁画被收藏在福格艺术博物馆，一起带回的还有一尊一米高的唐代彩绘菩萨像。现在如果你去莫高窟参观，进入第 328 窟的时候，会发现正壁龛内供奉着一尊释迦牟尼佛，在佛的两侧，阿难与迦叶分立左右，再往外分别是两尊坐姿菩萨和两尊蹲跪姿菩萨。只不过，释迦牟尼佛右侧原先放置蹲跪姿菩萨的地方早已空空如也，华尔纳带走的那尊菩萨像，原先就放置在这里。当初为了得到它，华尔纳用了 5 天时间，从早干到晚，最后甚至不惜毁去菩萨像的基座，只保留和塑像连接的部分莲花底座。如此破坏性的攫取，实在是令人痛惜。

敦煌莫高窟第 328 窟

工人与唐代彩绘菩萨像合影

尾声

一百多年过去了，如今回过头来，我们无不为这些敦煌国宝流落海外扼腕叹息。然而，更讽刺的是什么呢？这些"掠夺"文物的汉学家、艺术史家，在各自的国家都备受崇敬，无数荣誉加身。

1929 年，斯坦因被美国哈佛大学福格艺术博物馆聘为荣誉研究员，1932 年获英国皇家亚细亚学会金质奖章，1935 年又获英国文物学会金质奖章。不仅如此，他还是法兰西研究院研究员、比利时科学院名誉院士，并获得了牛津大学、剑桥大学等多所大学的荣誉学位。

回国后，华尔纳成为哈佛大学教授，主讲"中国和日本艺术"。在"二战"期间，他还曾说服美国总统杜鲁门，使日本城市奈良和京都免遭狂轰滥炸。日本人在这两座城市为他竖立了纪念碑，后来还授予他二级"神圣珍宝勋章"，那是日本颁给一个外国人的最高等级勋章。

尽管他们客观上为中国艺术在世界的传播出了一份力，也是使敦煌学在世界上成为一门显学的功臣，但这些都不能弥补他们对莫高窟造成的永久伤害。更何况，他们始终以一种高高在上的态度来合理化自己的"掠夺"行径：正是因为中国人不重视，并且肆意地破坏这些文物，我们才历经千辛万苦带走这些文物，好好保管它们。

2004 年，在敦煌举办的一个研讨会上，当时的敦煌研究院院长樊锦诗要求归还从敦煌遗址拿走的所有文物。但这是不太可能的，哈佛大学艺术博物馆就坚持认为，他们不是盗窃，他们曾经为华尔纳的那些文物全额付款，并有发票作为证据。

甚至，在最近出版的一本外国人撰写的关于海外收藏中国文物的书籍中，我还看到这样一种描述，说现在可以通过网络轻松地看到各国博物馆数据库里的数千张莫高窟文物的高清照片，这是"敦煌文物争议的一个积极的结尾"。

我想说的是，这根本不是什么积极的结尾，这只是无可奈何的安慰。

参考文献

[1] 党燕妮，陈军 . 虚空千色彩，依稀紫金容：敦煌藏经洞出土绢画赏介 [J]. 图书与情报，2008（4）.

[2] 孙超 . 华尔纳与哈佛艺术博物馆敦煌文物收藏 [J]. 收藏，2021（4）.

[3] 王进玉 . 国宝寻踪——敦煌藏经洞绢画的流失、收藏与研究 [J]. 文物世界，2000（5）.

[4] 常青，黄山 . 国宝流失百年祭 [M]. 杭州：浙江古籍出版社，2022.

[5] 彼得·霍普柯克 . 劫掠丝绸之路：从斯文·赫定到斯坦因的中国寻宝历程 [M]. 北京：九州出版社，2021.

[6] 奥雷尔·斯坦因 . 发现藏经洞 [M]. 桂林：广西师范大学出版社，2020.

[7] 珍妮特·米斯基 . 斯坦因：考古与探险 [M]. 乌鲁木齐：新疆美术摄影出版社，1992.

[8] 奥雷尔·斯坦因 . 西域考古图记 [M]. 桂林：广西师范大学出版社，2019.

[9] 菲利普·弗朗德兰 . 伯希和传 [M]. 桂林：广西师范大学出版社，2017.

[10] 姜洪源 . 华尔纳剥离敦煌壁画的前前后后 [J]. 上海档案，2000（5）.

[11] 周丕显 . 甘肃现存最古老的一部地方志《沙州都督府图经》[J]. 图书与情报，1992（2）.

国宝流浪记

龙门之殇《帝后礼佛图》

1952年初，北京市如火如荼地开展"反行贿、反偷税漏税、反盗骗国家财产、反偷工减料、反盗窃国家经济情报"的五反运动。工作人员来到琉璃厂"彬记"古玩铺，检查其有无偷税漏税的不法行为。

　　"彬记"的老板岳彬，是民国时候有名的古玩商，生意做得很大，但在中华人民共和国成立后，就已经金盆洗手不干了，他有些纳闷，自己早就关门歇业了，咋还查到自己头上呢？

　　工作人员解释说，由于"彬记"没将营业执照上交给有关部门并注销经营权，所以在法律层面，店铺还是开张的，这账还是要查的。没办法，岳彬只好把以前经营的陈年旧账拿出来供他们检查。

　　工作人员翻开老账本，见里面夹着一纸合同，上面写着："立合同人普艾伦、彬记，今普君买到彬记石头平纹人围屏像拾玖件……"合同的最后，还有普艾伦的英文签名。工作人员没有多想，将合同收集好，把账本交还给岳彬就离开了。

　　谁知一星期过后，法院突然传讯岳彬，询问这所谓的19件"石头平纹人围屏像"是什么文物，从哪儿来的，又是如何卖给外国人的。岳彬没料到他们会查到这件文物上，不由得慌了神，闪烁其辞了起来。经过一番审讯，岳彬最终供认，那是自己与美国人普艾伦签订购买河南洛阳龙门石窟北魏浮雕《孝文帝礼佛图》的合同。接着，根据岳彬的交代，法院又从"彬记"古玩铺西院收缴了两大箱碎石块，里面都是当年盗凿《孝文帝礼佛图》时损毁而未能拼接上的残破石块。如此人赃俱获，岳彬随后就被关押到了监狱里。

案件公布后，立即引起了国人尤其是文化界的关注。要知道，这《孝文帝礼佛图》可是龙门石窟雕塑艺术精华中的精华，二十多年前被盗凿后就不知所踪，现在倒卖民族瑰宝的罪魁祸首居然被找到了，怎能不叫人愤慨！以郭沫若为代表的三百余位文化界知名人士，发表联合声明，要求政府对主犯岳彬进行严惩。最终，岳彬被判处死刑，缓期两年执行，并没收全部个人财产。1954年春节前夕，岳彬因鸦片烟瘾犯了，在狱中病发身亡。

那么，岳彬和普艾伦是如何联系上的呢？他们又是如何将《孝文帝礼佛图》盗凿并运往国外的呢？

一位古玩商的崛起

光绪二十二年（1896）秋，岳彬出生于河北通县（今北京市通州区）张各庄一户农民家庭。父亲是庄稼汉，母亲在他很小时候就去世了。由于家里穷，供不起岳彬读书，所以他十五岁时就经人介绍，到北京跟着卖旧货的朱二当学徒了。

这朱二住在王府井北边锡拉胡同的一座古庙里，靠买卖旧货为生，四十来岁了仍旧独身一人，所以岳彬既当他的徒弟，又当他的干儿子，平时不仅要打下手，还要给朱二买菜做饭，沏茶倒水，铺床叠被。除此之外，还要三更半夜起床，跟着朱二到晓市去买货。

晓市，也叫作"小市""鬼市"，从半夜开到天蒙蒙亮，摊上卖什么的都有，有抢来的偷来的，也有一些家道中落的王公贵族在这里变卖祖传的宝贝。据《北平风俗类征》记载，当时北京城"外城东有东小市，西有西小市，俱卖皮服、椅桌、玩器等物。西小市又名黑市，五更交易，不燃灯烛，暗中摸索，随意酬值。至有数百钱而得貂裘者，亦有数十金而得破衣烂服者。"

琉璃厂旧照

每次岳彬跟着朱二逛晓市，他拿一个纸灯笼在前面引路，朱二瞧上了哪个摊子，就喊一声"站住"，岳彬拿灯笼往地摊上一照，这生意就谈起来了。

除了字画之外，朱二什么都看，只要是看上眼的东西，觉得价格合适他就买。这样的实战是最磨炼眼光和胆识的，因为晓市上什么样的人和东西都有，真真假假，鱼龙混杂，时人有诗云："四更席地遍街西，赝鼎求售索价低。今日铜腥工使鬼，五都市外爇燃犀。"正是在这样的环境中，岳彬逐渐锻炼了看东西的能力。

晓市上收了东西后，岳彬还要帮朱二把东西挑到狗尾巴胡同兴隆店里的瑞记古玩铺，找白瑞斋帮他们选出够档次的旧东西。趁着这时候，岳彬在一旁仔细地看白瑞斋从担子里选了哪些东西，细心听行家们对每一件货的点评。刻苦学习之下，不到三年，岳彬的学识和眼力竟然比朱二强了。

民国二年（1913）春节前，岳彬跟着朱二到东晓市买货，碰见一件棒槌瓶，朱二嫌对方要价二十两银子太贵，但岳彬眼尖，看出这瓶子不简单，很有可能是清代官窑作品，便极力劝说师父买下来。但朱二眼拙，觉得这就是桩亏钱买卖，两人因为这件事吵了起来。最终，岳彬觉得朱二过于迂腐，自己已经从他身上学不到新东西了，于是打算自立门户，搬到了狗尾巴胡同兴隆店，开始自己夹包做生意。

岳彬（后排左一）

什么叫作"夹包"呢？在古玩行当里，有的人眼力好，但没钱开古玩铺，于是就拿着块蓝布包袱皮，到各家古玩铺去拿货卖，卖出去了和古玩铺分钱，卖不出去，还可以把货退回。这模式倒是挺像现在的直播带货。因为用的是包袱皮包古董，所以这也被戏称为"包袱斋"，而这种拿货的行为，则被叫作"夹包"。

凭借着之前积累的人脉，岳彬和白瑞斋搭上了关系。清末民国的时候，北京城出现了很多专门针对洋人买卖的古玩店铺，它们大多集中在狗尾巴胡同兴隆店里，而白瑞斋就是最早一批和外国人做古董生意的商人。他年轻的时候经常拿一些雕漆象牙旧首饰到东交民巷东口练兵场上去卖，所以跟外国人打交道比较多，久而久之就把生意做起来了。

岳彬嘴甜，会来事儿，深得白瑞斋的喜爱。于是，白瑞斋开始教岳彬跟外国人做买卖的诀窍。久而久之，美国人爱买青铜器、钧窑瓷器，法国人爱买漆器、景泰蓝，日本人爱买古玉、龙泉瓷器……

这些内行的门道，都被岳彬摸得一清二楚。

不过，晓市和"夹包"的经历让岳彬明白一个道理，那就是"天下熙熙，皆为利来；天下攘攘，皆为利往"，在商场上只有永恒的利益。在日后的古董生涯中，他始终把"赚钱"放在了第一位。

有一次，岳彬花四千银元买了件康熙年制的珐华人物罐。珐华，也叫作"法花"，是明代中期以后在山西一带流行的陶瓷装饰技法，特点是釉色透亮如玻璃，色彩鲜艳。由于珐华瓷器在中国陶瓷史中处于边缘地带，很长时间内都不入主流文人的法眼。后来随着外销瓷的流行，珐华瓷器开始受到外国人的追捧，进而重新引起了国人的关注。民国初年《饮流斋说瓷》记载："法花之品，萌芽于元，盛行于明。大抵皆北方之窑，蒲州一带所出者最佳。蓝如深色宝石之蓝，紫如深色紫晶之紫，黄如透亮之金珀。其花以生物花草为多……"

大清康熙年制刻章款珐华釉哪吒闹海
纹人头盖罐，私人收藏

岳彬把这件珐华人物罐给法国第三任驻华公使魏武达送了过去。魏武达是收藏、鉴定中国古玩的行家，尤其喜欢珐华瓷器。他一看这罐子造型奇特，底部的白地黑花跟黑花宋瓷一样，断定是宋代的珐华陶瓷罐。珐华瓷器始于元代，盛行于明代，宋代怎么会有呢？岳彬也不戳穿，顺着他的话说："对对，宋代的法花罐子，保存至今完整无损，非常难得了！"

　　魏武达问他罐子多少钱收的。岳彬故意多报："一万四千块银元。"魏武达财大气粗，毫不犹豫地说："那好，我给你一万五。"买卖就这样痛快地做成了，岳彬前后一倒手，赚了一万一千块银元。

　　岳彬的狡猾，还体现在卖假货上。清末时，永宝斋从山西大同以每尊5银元的价钱买进了云冈石窟7尊佛头，但当时的老古玩行有"佛爷的脑袋动不得"的规矩，所以这批佛头搁置了10多年也没卖出去。到了20世纪20年代初，外国的收藏家开始关注到中国的石雕佛像，并出大价钱购买。得知这一信息后，岳彬于1925年仅用400多银元就吃进了行内人士不敢动的7尊云冈石窟石佛头像。

　　这一次，他想仿制这批石雕佛头，卖给外国人赚更多的钱。他在石碑胡同找到了一位叫冉忠印的雕刻高手，请他仿制石雕佛头。冉忠印花了4个多月时间，前后共仿制出了12尊北魏石佛头。这么多假佛头，岳彬只花了一千两百块大洋。从那以后，冉忠印专门给岳彬仿造北魏石雕和北宋木刻，一直到1949年北京和平解放。后来，由于雕刻技艺高超，冉忠印在新中国成立后还参与了人民英雄纪念碑的雕刻。

　　那这些造假的佛头最终卖了多少钱呢？第一尊佛头以800块银

元卖给了日本人，后来这批佛头行情不断看涨，最后涨到了 2000元一尊。最终岳彬赚了多少钱我们不得而知，但可以肯定的是，他靠着卖佛头发了财，并开了彬记古董店。到 1949 年，彬记已经是北京最大的古玩铺之一了。

在这次假佛头的贩卖过程中，岳彬认识了一位美国古董商，同时也是纽约大都会艺术博物馆东方部主任——阿兰·普艾伦（Alan Puellen，1898—1969）。正是这位普艾伦，和岳彬一起，犯下了那起震惊世界的盗宝大案。

《帝后礼佛图》

1931 年"九·一八事变"前夕，普艾伦悄悄来到了河南洛阳龙门石窟。在此之前，他本打算和自己的老师，也是我们的"老熟人"兰登·华尔纳到敦煌莫高窟揭取壁画。由于第一次盗掘敦煌文物前所未有的成功，华尔纳在美国声名鹊起，还得到了福格艺术博物馆的赞助。他打算乘胜追击，组织一次规模更大的考察，以揭取更多的壁画、盗掘更多的文物。不过，此一时彼一时，中国政府已经逐渐意识到了保护文物的重要性，所以对华尔纳考察团进行了一系列限制，比如参观洞窟时必须有当地人陪同，晚上不准留宿莫高窟，不准破坏壁画及其他一切文物等。在如此严格的规定下，华尔纳考察团几乎拿不到什么好东西，只得草草结束了考察活动。

不过，"此处不留爷，自有留爷处"。考察团成员之一的普艾伦决定单独行动，换一个目标尝试。他选择的是与莫高窟齐名的龙门石窟。

龙门石窟开凿于北魏太和十八年（244），即北魏迁都洛阳后，历经北魏、东魏、西魏、北齐、隋、唐、五代、宋、明、清等 10 多个朝代陆续营造长达 1400 余年，是世界上营造时间最长的石窟。现存洞窟像龛 2345 个，造像 11 万余尊，石碑将近 2500 座。

　　如此庞大的石窟群，在清代之后却逐渐衰落，以至荒废无人烟。直到 1893 年，日本学者冈仓天心无意中发现了龙门石窟遗址，并拍摄了很多照片。返回日本后，他用宾阳中洞石窟的幻灯片举办了讲座，从而第一次让外国人知道了，在中国除了莫高窟之外，还有如此伟大的石窟艺术。

1907 年，沙畹镜头下的龙门石窟 1

1907年，沙畹镜头下的龙门石窟 2　　　　1907年，沙畹镜头下的龙门石窟 3

1907年，法国汉学家爱德华·沙畹（Emmanuel-Edouard Chavannes，1865—1918）来到了龙门石窟。沙畹是学术界公认的19世纪末20世纪初世界上最有成就的中国学大师，被誉为"欧洲汉学泰斗"，前面我们提到过的伯希和就曾师从于沙畹。沙畹在龙门石窟一共停留了12天，拍摄了将近150张照片，还请了一位专业的拓工把发现的所有铭文和碑刻都做了拓片。考察结束后，他于1909年回国，并在巴黎出版了考察报告《华北考古记》，书中通过千余幅拓片、两百余张照片，再现了20世纪初中国华北遗址文物的原始风貌，其中收录了123张龙门石窟的照片，这应该是公开发表的最早的龙门石窟图像资料。

由于沙畹在西方汉学界的强大影响力，这本书出版后迅速引起了社会的关注，也使各国的收藏家、文物贩子将目光聚焦到中国石窟石刻艺术上来。于是，《华北考古记》成了一本"订购图录"，外国古董商按图索骥，根据书中的照片向中国的文物贩子下购买订单，文物贩子再委托当地的军阀、土匪盗凿这些石刻雕像。其中，

龙门石窟奉先寺卢舍那大佛

被誉为"中国顶级雕塑宝库"的龙门石窟更是被盗凿的重灾区。1914年，华尔纳来到龙门石窟参观，他在给妻子的信中描绘了石窟中的破败情况，可以帮助我们了解当时的情况：

> 龙门石窟最近遭受的破坏如我们听说的一样糟糕，随处可见被打掉雕塑头像的新茬儿。有的雕像被蓄意挖出，有的被士兵随意敲落……那种场面惨不忍睹，几乎使人感到恶心。

20世纪30年代，普艾伦追寻老师的足迹，来到了龙门石窟。当他走进宾阳洞的时候，立刻被眼前的场景惊呆了。

宾阳洞为龙门石窟一组南北毗连的三个洞窟。《魏书·释老志》记载：

> 景明初，世宗诏大长秋卿白整准代京灵岩寺石窟，于洛南伊阙山，为高祖、文昭皇太后营石窟二所。初建之始，窟顶去地三百一十尺。至正始二年中，始出斩山二十三丈。至大长秋卿王质，谓斩山太高，费功难就，奏求下移就平，去地一百尺，南北一百四十尺。永平中，中尹刘腾奏为世宗复造石窟一，凡为三所。从景明元年至正光四年六月已前，用功八十万二千三百六十六。

这是关于宾阳洞开凿情况的较为详细的文献记载，从中我们可以大致了解宾阳洞的兴废史。宾阳洞为北魏宣武帝元恪为父母孝文帝和文昭皇后祈求冥福，于景明元年（500）命大长秋卿、宦官白整，仿照灵岩寺石窟（即今云冈石窟）而营造，原计划"窟顶去地

宾阳中洞外北侧力士

宾阳洞局部

宾阳洞正壁释迦摩尼像

三百一十尺",但由于工程量实在太过庞大,直到正始三年(506)才凿出二十三尺(原文中的"丈"应该是"尺"的误写)即6.44米的崖面。后来,大长秋卿王质请求"下移就平",减少工程量,被宣武帝批准。再过五年,宦官刘腾奏请为宣武帝再造一窟,这就形成了现在的宾阳中、南、北三洞了。

后来,因为北魏宫廷内部政治斗争激烈,南北二洞的修建半途而废,最后只完成了宾阳中洞。宾阳中洞平面呈马蹄形,深12米,宽10.9米,高9.3米,洞内正壁为主佛释迦牟尼坐像及二弟子、二菩萨。同时在洞窟前壁窟门南北两侧各有四层浮雕,最上层为维摩诘和文殊菩萨对坐说法图;第二层是佛本生故事,即讲述释迦牟尼前生事迹的故事,南壁为须大拏太子本生故事,北壁为摩诃萨埵舍身饲虎本生故事;第三层为《帝后礼佛图》,即《孝文帝礼佛图》《文昭皇后礼佛图》;最下层则为十神王浮雕。

其中最让普艾伦惊讶的是《孝文帝礼佛图》和《文昭皇后礼佛图》。《孝文帝礼佛图》以接近真人大小的浮雕表现了北魏孝文帝及其大臣一起礼佛的盛况,礼佛图场面恢弘浩荡,人物重叠密集,整个行列以树为隔,分为两组。

第一组以孝文帝为中心,孝文帝头戴冕旒,帽有缨带,腰系组绶,大小绶带垂于腹前,前有蔽膝,长衫宽袖,衣襟曳地,足穿笏头履。有十二位侍从簇拥在孝文帝左右,侍从身形高大者头戴笼冠,矮小者戴小冠,服装与皇帝大致相同,只是没有绶带,前有两名侍从引路,一人手捧香盒侍奉皇帝拈香,一人举伞盖,二人打雉尾扇,一人为皇帝提起衣襟下摆。

第二组以一头戴高冠供养人为中心,应该是陪同皇帝一同礼佛的诸侯王，其头戴远游冠，身着宽袖长衫，服装与孝文帝基本相同，有七名侍从簇拥，无伞扇的使用。为了表现出透视效果，前方站立侍从身形表现得相对矮小，后方侍从身材比较高大。侍从手中大多没有物品，只有第二组侍从后方中有一位手持长柄莲花。

《孝文帝礼佛图》（局部），美国纽约大都会博物馆藏

《文昭皇后礼佛图》也类似，画面以三位头戴花冠的女性供养人为分隔，她们均着长袖长裙，袖口非常宽大，革带束腰，绶带自腰间下垂，脚蹬笏头履。第一位为文昭皇后，她头戴如盛开花朵般的花冠，身高要比之后的两位女性供养人要高半头，右手持长柄莲花。另外还有十九位女侍从簇拥着她们，迎风徐行，极具美感。

不过，彼时的普艾伦对浮雕的内容还不甚了解，他用相机将画面全拍了下来，回到北京后，找到金石学家、前清翰林庄蕴宽请教。庄蕴宽告诉他，这是当之无愧的国宝。于是，普艾伦下定决心要将两幅浮雕搞到手。

《文昭皇后礼佛图》（局部），纳尔逊－阿特金斯博物馆藏

一纸合同

就在普艾伦踌躇满志、准备大干一场的时候，殊不知，《帝后礼佛图》早就被贼人给盯上了。1932 年，华尔纳的另一位学生劳伦斯·史克曼（Laurence Sickman，1907—1988）在北京一家古玩铺里见到了一些佛像碎片，包括断裂的单手、残破的佛头及浮雕佛龛装饰等，敏锐的他立即辨认出这些碎片来自龙门石窟宾阳中洞的《文昭皇后礼佛图》，因为一年前史克曼恰好去过龙门石窟，那时候，《帝后礼佛图》仍完好地保存在洞窟中。他在那儿待了一个星期，不仅委托人制作了浮雕拓片，还记录了大量笔记，因此对《帝后礼佛图》印象深刻。

意识到国宝可能已经被破坏，史克曼立刻找到北京国立图书馆馆长、古物保护委员会成员袁同礼，向他复述了事情的经过，并希望他想办法保护龙门石窟。然而，袁同礼对此不以为然，他说："如果外国人不停止购买雕像碎块，破坏将会持续进行。"1933年，史克曼再次前往龙门石窟，果不其然，"《文昭皇后礼佛图》浮雕的大部分，以及几个人物头像已不翼而飞"。

不久之后，《文昭皇后礼佛图》的碎片陆续在市场上冒了出来，并被各地买家买走。自诩有"强烈正义感"的史克曼由此诞生了一个想法，那就是尽己所能收集这些碎片，并将其修复完整。这个想法得到了华尔纳的支持，在他的撮合下，福格艺术博物馆和纳尔逊－阿特金斯艺术博物馆同意为购买碎片提供必要的资金支持。

就这样，史克曼花了一年多时间，成功征集到了绝大部分碎块，又花了3个月时间将其拼接完整。随后，《文昭皇后礼佛图》成了美国堪萨斯城纳尔逊－阿特金斯艺术博物馆的馆藏。

在日后写给朋友的一封信中，史克曼非常自豪地描述这一段经历：

> 从这里到那里，从这家店到那家店，从开封，从郑州，是的，包括从上海，我一块接一块地收集，这里收半个脑袋，那里收一条袖子；从夏先生手里收一只手，成百上千的小碎块……不管怎样，最后，早期中国雕塑最伟大的单件浮雕被组合在一起。我觉得，我们为中国艺术，为全世界做了一些事，其价值只能被后人评估。我们花了3个月时间，把它们一块块拼接起来，像一群男孩子整天坐着，试试这块，试试那块，哪块该放哪里，合不合适？那是一只眼睛，还是一条服饰花边？

与此同时，普艾伦也得知了《文昭皇后礼佛图》已经被破坏的消息，他立即行动起来，决定不惜一切代价，也要搞到《孝文帝礼佛图》。但如何做到呢？普艾伦想到一个人，就是之前卖给他佛头的岳彬，他觉得岳彬神通广大，一定有办法搞到浮雕。

　　普艾伦找到岳彬，说明了来意。一开始岳彬有些犹豫，觉得这事风险太大。但普艾伦下了血本，表示只要能得到《孝文帝礼佛图》，就给他 4 万银元的报酬。

　　4 万银元什么概念？在当时的京郊地区，40 块银元就可以买 1 亩地了。如此算来，4 万银元可以买整整 1000 亩的土地！

　　利欲熏心的岳彬答应了这份差事，他动用自己的关系，联系到洛阳当地一个外号叫马聋子（马龙图）的文物贩子，由他出面买通了偃师杨沟村的伪保长王梦林和土匪王东立、王毛、王魁等人，接着再胁迫当地石匠王光喜、王水和王惠成三人进行盗凿工作。为掩人耳目，工作都是在深夜进行，石匠们就着手电筒微弱的灯光，对照着普艾伦提供的图片，一点一点将《孝文帝礼佛图》凿刻下来，装进担子，天亮前再由持枪在洞窟外守着的土匪挑走，以碎石灰的名义送出城，运到保定府后，再由岳彬的徒弟丁兆凯取回北京。

　　另一边，岳彬看着千辛万苦运送出来好不容易拿到手的货物，立马傻眼了，这哪是浮雕，分明就是一堆碎石块啊！都碎成这样了要怎么交差呢？无奈之下，岳彬又找到琉璃厂的雕塑修复高手张济卿，以及之前合作过的石雕高手冉忠印，让他们根据照片对石雕进行复原。

　　两个月后，张济卿和冉忠印拼凑出了六件平纹人头浮雕，此时普艾伦按照约定时间如期来到"彬记"古玩铺，他焦急地问："到手了没有？"

岳彬支支吾吾地说："运是运来了，但是都碎成了碎片，现在我正找人修补呢。"普艾伦想看看究竟碎成什么样了，岳彬只好把修复好的六件平纹人头浮雕给他看。

普艾伦看见日思夜想的宝贝破碎成了渣渣，气不打一处来："这……这哪是《孝文帝礼佛图》？我给你四万块钱，不是为了买一堆破石头的！罢了罢了，这买卖我不做了！"

"那可不行！这可是我千辛万苦，打点好了上下各个环节，才从洛阳运回来的。钱我是花出去了，你怎么能够反悔呢？而且你放心，我已经请了最好的石雕师傅来修复了，要不了多久，就还你完整的礼佛图。"

最后，双方各退一步，普艾伦改出一万四千银元，买下《孝文帝礼佛图》，而岳彬则答应交付修复好的文物。为了以防万一，双方签订了一份合同，全文如下：

> 立合同人普艾伦彬记。今普君买到彬记石头平纹人围屏像拾玖件，议定价洋一万四千元。该约定立之日为第一期，普君当即由彬记取走平像人头六件，作价洋四千元，该款彬记刻已收到。至第二期，彬记应再交普君十三件之头。如彬记能可一次交齐，普君则再付彬记价款六千，如是，人头分二次交齐，而该六千价款，亦分二期付交，每次三千。至与（于）全部平像身子，如彬记能一次交齐，而普君再付彬记价款四千。如是，该身仍分二次交齐，而此四千价款，亦分二期，每期二千。以上之货，统计价洋一万四千元。至与（于）日后下存应交之货何年运下及长短时间，不能轨（规）定。倘该山日后发生意外，即特种情形不能起运，则该合同即行作废，不再有效。此乃双

方同意，各无返悔，空口无凭，立此合同为证。

此合同以五年为限，由廿三年十月廿一日起至廿八年十月廿一日止。在此五年内，如不能将货运齐，该约到期自行作废。

立合同人 普艾伦

彬记

民国廿三年国历十月廿一日立

由合同可知，双方约定五年内分三期交齐货物，其中第一期已经修复的六件平纹人头浮雕，货款是 4000 元。第二期交付十三件平纹人头浮雕，货款 6000 元。最后一期交付全部佛身，并结清尾款 4000 元。这份合同，就是我们前文中提到的导致岳彬入狱的合同。

不到一年时间，岳彬就如约修复好了《孝文帝礼佛图》，并通过某种不可告人的方式，将文物运到了美国，并于 1935 年入藏于普艾伦供职的纽约大都会艺术博物馆。

1944 年，普艾伦出版了《中国雕塑》一书，书中提到了获得《孝文帝礼佛图》的经历，不过，事情的经过完全被他歪曲美化了：

有关宾阳洞供养人浮雕的最近历史应当被记录下来。在 1933 年和 1934 年来自这一特殊石窟中男、女供养人浮雕上的头像、衣纹服饰及其他残片开始出现在北京的市场上。它们是这样被凿下来的：在龙门石窟附近河流对岸可以看到一座小村庄，夜间，村民蹚过腋窝深的河水，将浮雕表面凿成碎片。他们把碎片带到郑州，被北京的代理商买走。在北京，这些碎片被重新黏接拼合，并根据照片和拓本进行了精心复制。你将会发现属于龙门男、女供养人浮雕的头像泛散布于欧洲、英格兰、日本各地，而他们大部分完全是赝品。美国的两座博物馆已经购买而挽救了这两块浮雕——女供养人浮雕残块在堪萨斯城的威廉姆柔克义纳尔逊博物馆展览，大都会博物馆买了男供养人浮雕碎片……宾阳洞男、女供养人浮雕是失去的东西——没有什么比一个种族纪念物的丢失更为可恶了，他们已经消亡——我们展示的仅仅是这些可怜的碎块……

就这样，美国的两座博物馆堂而皇之地成了《帝后礼佛图》的"救世主"，他们谎称：要不是他们拯救了这些破碎的浮雕，并将其修复完整，重新展现在公众面前，那么这些艺术瑰宝很有可能就消亡了。

真假礼佛图

然而，自从《帝后礼佛图》在美国修复完全并展出以来，关于其真假性的质疑就一直存在。有人认为《帝后礼佛图》是纯粹的赝品，而有人则认为是严重损毁的真品。综合各方证据，笔者觉得前一推测还是有一定道理的。

首先，从现实情况看，《帝后礼佛图》存在着造假的可能。当年史克曼完成了《文昭皇后礼佛图》的修复后，曾经前往中国，却惊讶地发现市面上还流传着很多礼佛图的残片：是他曾经买到的残片是赝品，还是说商人们嗅到了商机开始大批量仿制礼佛图残片？这谁也说不清楚。

其次，我们别忘了，将《孝文帝礼佛图》卖给普艾伦的是岳彬，本身就是个造假老手，专骗外国人，其相关事迹我们前面已经讲过，这里再跟大家讲一个故事。

据陈重远《老古董商》一书记载，岳彬与冉忠印合作制作假佛头尝到甜头后，变本加厉又让冉忠印复制了很多云冈佛像。其中一件佛像经人介绍卖给了美国石油大王洛克菲勒。后来洛克菲勒举办生日宴会，将自己收藏的中国文物陈列出来，请大家欣赏。一位记者看到这尊云冈佛造像后，对洛克菲勒说："先生，您这尊是仿制品，我刚从云冈石窟采访回来，真品还在石窟里好好地放着呢。"

洛克菲勒气得不行，直接拍了一通电报，把岳彬臭骂了一顿，并扬言要退货，要让他吃不了兜着走。

收到电报后，岳彬吓得不轻，他担心自己的名声有损，往后就不好在外国人身上做生意了。于是，他找到同乡张静忱，请他帮忙出出主意。

张静忱给他出了个馊主意，他说："这事儿简单，他不是说云冈有这尊佛像的原像吗？你让它消失不就行了？"岳彬听完，豁然开朗，有道理啊，于是买通了当地驻军，把云冈这尊佛像给炸掉了。这样，就来了个死无对证，洛克菲勒也不好追究什么了。

我觉得，以岳彬如此阴险狡诈的处事风格，面对那一堆毫无头绪、难以修复的碎石头，还真有可能让冉忠印他们仿制出《孝文帝礼佛图》来。更何况，在1952年的"五反"运动中，检查组不仅在岳彬家搜出了那张合同，还发现了两大箱未能拼接上的残破石块。而如今展示在纽约大都会艺术博物馆的《孝文帝礼佛图》居然十分完整，可以确定有些部分肯定是补加的。

最后，在《帝后礼佛图》被盗凿之前，很多西方探险家都曾拍摄过照片，因此我们可以将《帝后礼佛图》现状与老照片进行对比，从而推断出文物是否被修复。根据刘连香的研究，如今的《孝文帝礼佛图》存在多处错误。如浮雕最左侧几个人物头像，对比老照片可以发现它们位于北壁靠近墙角的位置，人物排列有序、布局合理，而现存浮雕则完全不同，头像周围的空间相对疏朗，显得很不合理，甚至侍者的头冠都变化了。菩提树左侧上面三个人物，靠右的两个人原本戴进贤冠，最左侧一人戴笼冠，而在大都会艺术博物馆的《孝文帝礼佛图》中，此处三人所带头冠均变成了没有覆盖双耳、类似于唐代笼冠的样式。很明显，这是后来修复的。

不过，无论《帝后礼佛图》真假与否，它们被盗掘的事实终究是不能改变的，虽然罪魁祸首岳彬早已伏法，但宾阳中洞里那光秃秃的墙壁，却再无复原的可能了。

参考文献

[1] 刘连香. 美国大都会艺术博物馆藏龙门石窟北魏《皇帝礼佛图》考辨 [J]. 故宫博物院院刊，2013（1）.

[2] 赵珊瑚. 民国古董商岳彬与《帝后礼佛图》[J]. 湖北档案，2012（8）.

[3] 焦琳. 帝后礼佛图研究 [M]. 中央美术学院，2016.

[4] 陈重远. 老古董商 [M]. 北京：北京出版社，2008.

[5] 龙门石窟研究所. 龙门流散雕像集 [M]. 上海：上海人民美术出版社，1993.

[6] 王世襄. 记美帝搜刮我国文物的七大中心 [J]. 文物参考资料，1955（7）.

[7] 魏收. 魏书 [M]. 北京：中华书局，1974.

[8] 谢林·布里萨克，卡尔·梅耶. 谁在收藏中国 [M]. 北京：中信出版社，2016.

[9] 埃玛纽埃尔 – 爱德华·沙畹. 华北考古记 [M]. 北京：中国画报出版社，2020.

[10] 查尔斯·兰·弗利尔. 佛光无尽 [M]. 上海：上海书画出版社，2014.

国宝流浪记——

戴家湾浩劫

说起民国的盗墓大案，估计大部分人首先想到的是"清东陵盗宝案"，当年大军阀孙殿英盗挖清东陵，把慈禧的骨头渣子都翻出来了，举国上下为之一震。但其实，孙殿英不过是出头鸟而已，民国乱象丛生，盗墓的军阀多了去了。

早在孙殿英盗清东陵一年多前，陕西凤翔地区有个叫党毓琨的军阀，就犯下了一起滔天的盗宝案，其盗掘规模和盗出文物的珍贵程度，丝毫不亚于清东陵盗宝案，且文物主要以珍贵的商周青铜器为主，后来这些青铜器几经辗转，大部分都流向了海外，成了欧美各大博物馆的馆藏。

那么，这起大案是如何发生的呢？

"党拐子"的崛起

清同治十年（1871），党毓琨出生于陕西省富平县党荔村的一户贫苦人家。关于他的名字，不同记载中有"党玉昆""党玉琨""党雨昆""党毓琨"等多种说法，这里为了方便，统一以"党毓琨"称之。党毓琨从小不学无术，整天和一群地痞流氓厮混在一起，不是吃喝嫖赌就是偷鸡摸狗。后来，他干脆跟着东府大刀客杨生娃，成了一名杀人越货的强盗。在一次械斗中，他伤到了右脚，成了"拐子"，所以又有了"党拐子"的绰号。

民国六年（1917）下半年，党毓琨投奔陕西凤翔靖国军首领郭坚，因为善于溜须拍马、揣摩上级喜好而深得郭坚的赏识，官运也一路亨通，从排长、连长、营长一直干到了团长。

到了民国九年（1920）8月，国民革命军第一方面军总司令冯玉祥开始整肃陕西境内的大小军阀，首先拿来开刀的就是靖国军首领郭坚。随后，郭坚部属李夺被冯玉祥委任为新首领。党毓琨与李夺素来不和，他自知李夺当上新首领，就没自己好果子吃，于是带着部分兵力逃到了礼泉县，自立门户。

不久，李夺所率领的靖国军奉命调往东府一带驻守，留守凤翔的各地方军开始互相攻伐，党毓琨趁乱率军杀回了凤翔，成功夺取军权后，自封为陕西靖国军暂编第一师师长，当起了山大王。

党毓琨虽然是个土军阀，没念过几年书，但他却有个很"风雅"的爱好：收藏古玩。据说他少年时曾在北京的古玩铺当过学徒，跟着见识过不少好东西。后来，又受到关中奇士武观石的影响和熏陶。据《西北革命史征稿》记载，武观石"工于书，博闻强识，鉴别书画碑碣古玩，遇可珍，不惜重金以购之"。武观石和党毓琨是同乡，他俩惺惺相惜，结为异姓兄弟。在武观石的点拨下，党毓琨掌握了一些古玩鉴别尤其是三代青铜器的基本知识，越发痴迷古董收藏。

巧的是，党毓琨所统领的陕西省宝鸡市凤翔县，恰好是个历史非常悠久的地方。凤翔别称"雍"，《尚书·禹贡》记载："黑水西河惟雍州。"大禹分天下为九州，而雍州之名来自于凤翔境内的雍山、雍水。西周时，凤翔为王畿地，属召公奭采邑，称雍邑。公元前770年，周平王东迁洛邑（今河南洛阳），秦襄公因护驾有功被封为诸侯，赐岐西之地。公元前677年，秦德公迁都雍城（今凤翔），自那以后直到秦献公二年（前383），前后接近300年时间里有19位秦国君王在雍城执政，是秦国定都时间最久的都城。正因此，这里也留下了很多与秦国有关的历史遗迹，如著名的秦公一号大墓，号称迄今为止中国发掘的先秦时期最大的古墓，专家推断墓主人为秦景公。凤翔之名的由来也与秦国有关。相传秦穆公有女名弄玉，善于吹笛，吸引了擅长吹箫的华山隐士萧史，两人惺惺相惜，终成眷属，后乘凤凰飞翔而去，故名凤翔。因此，在凤翔这个地方，随便一锄头挖下去，说不定就能挖出宝来。

控制了凤翔后，党毓琨立马将部队驻扎在当地首富周家大院内，并把周家世代收藏的古董洗劫一空，还命令士兵将周家大院掘地三尺，寻找古董。除此之外，党毓琨还不断在凤翔周边地区寻找可以盗掘的古墓。

1927年秋天的一天，党毓琨正和自己的二姨太"小白鞋"在床榻上吞云吐雾地抽着鸦片，突然手下来报，有个叫杨万胜的本地乡绅携宝求见。

党毓琨一听有宝贝，立即来了兴趣，让杨万胜进来说话。

杨万胜见到党毓琨，躬身作揖道："党司令，最近我得了一件上古留下的青铜器，不敢私藏，听闻您对青铜器的研究鉴赏颇有见地，就给您拿过来了！"

杨万胜带来的是一件青铜酒樽，三足圆口，样式高古，一看就不是凡品。

党毓琨问道："这宝贝哪儿来的？"

杨万胜解释道："党司令有所不知，凤翔底下一个叫戴家湾的村子。戴家湾村北有条深十多丈、长七八里的戴家沟，据说那里埋了大量古代贵族墓葬，前段时间下暴雨，冲出了许多陶器、青铜器，我手上的这件宝贝，就是从戴家沟得来的。"末了杨万胜还补充了一句："当地村民经常去挖宝，只要动动锄头，就能挖出一堆来，卖个几十几百白洋再常见不过了。"

党毓琨听得两眼放光，"嘭"地一拍桌子："明天你就领我去戴家湾瞧瞧，若果真如你所说，好处少不了你！"

听到这，杨万胜终于舒了一口气，这一次，他赌对了。

原来，这杨万胜是当地有名的恶霸，欺男霸女不说，还常年操控当地大烟买卖市场，随意增设税款，搞得乡民怨声载道，最后大家联合起来，把他告到了县长那里。虽然杨万胜最终花钱摆平了这桩官司，但看着乡民们义愤填膺的样子，他心里也发怵，毕竟陕西民风彪悍，把他们逼急了，指不定能做出什么事情来。

于是，杨万胜打算找一个更大的靠山。他有个朋友叫张志贤，正好是党毓琨的部下。听张志贤说，这党司令是个狠角色，而且嗜好古玩，要是能得到他的保护，谅这些刁民也不敢放肆。

接下来，就有了前面杨万胜携宝求见的一幕。事实证明，杨万胜确实取得了党毓琨的信任，但他万万没想到的是，党毓琨接下来的举动，对整个戴家湾来说，简直就是一场灾难。

枢禁十三器

其实，早在党毓琨打起戴家湾的主意之前，"戴家湾"的名号在收藏圈内就已经不小了。由于地理位置优越，戴家湾一直是古人理想的埋葬之所。根据后来的考古学研究，戴家湾的文化层共有新石器、商、周、汉、唐、宋等多个朝代，厚达 0.4 至 2.5 米，可见千百年来这里的人类活动一直很频繁。然而，根据梁晓青女士对戴家湾地貌环境所做的研究，这里在历史上曾发生过较大的地层位移，这就导致了戴家沟发生了"上下游位置错动现象"。地形地貌的改变，使得很多原先深埋地下的墓葬都翻到了地表，每次下雨过后，青铜器等随葬品就暴露了出来，很容易被人发现。

从清代晚期开始，这里就经常有青铜器出土，其中最负盛名的数"柉禁十三器"。清光绪二十七年（1901），戴家湾的村民在村北坡地上挖地时，意外地发现了一批青铜器，其中有一件形状似长桌，上面及周边放置了卣、尊、觯等十三件古物，被后世命名为"柉禁十三器"。

说起青铜器，我想大家都知道鼎、爵、尊等器型，但很少听说有一种青铜器叫"禁"的。为什么呢？因为它实在是太少见了。据说，周灭商之后，周天子吸取了商王朝酒池肉林、嗜酒成风最终导致亡国的教训，提倡贵族们饮酒要节制，并颁布了中国历史上首个禁酒令——《酒诰》。但即便如此，国家终归是要祭祀的，祭祀的时候不得不饮酒，于是周天子将酒器的青铜案几命名为"禁"，寓意饮酒要节制。

很长一段时间内，"禁"只存在于古书中，一直没有实物出土，直到 1901 年首次现身于世。时任湖北巡抚的端方得知消息后，敏感地意识到这是一批稀世珍宝，于是立即派人前往陕西购买，并成功收入囊中。

端方（1861—1911）出身满族贵戚，幼年时被过继给伯父桂清（？—1879）为嗣子。桂清官至内阁学士、内务府大臣、工部侍郎，同时也好风雅，热爱收藏，家里珍藏了许多宋元字画。因为养父的关系，端方从小就受到了金石学的启蒙与熏陶，并结识了王懿荣、吴大澂等金石大家。

光绪八年（1882），端方中举人，任工部员外郎，开始了自己的宦海生涯。光绪二十四年（1898），在翁同龢的保荐下，端方第一次被光绪皇帝召见，并由此获得了光绪的青睐，被任命为农工商局督办，投身戊戌变法。

官运一路亨通的同时，端方也没有忘记自己的兴趣爱好。由于家底殷实，他在收藏方面可以说是不惜重金，各种碑刻原石、钟鼎彝器、名人字画，只要是自己看上的，就想尽办法购入。

这一整组"青铜禁"，成了端方得意的收藏品。之后虽然端方历任湖广总督、湖南巡抚、江苏巡抚，辗转各地，但这组青铜器一直伴随其左右，不仅如此，他还制作了多份青铜器拓片赠予友人，如果有朋友、官员前来参观，他还会兴致勃勃地让他们与青铜禁合影。

光绪三十四年（1908），端方将收藏的近400件商周至隋唐时期的青铜礼器、兵器、权量、造像等编纂成《陶斋吉金录》八卷印行，对每一件器物端方都绘制图形、记载尺寸，有铭文的还附上拓本。而放在首位的就是这套"青铜禁"，并首次将其命名为"柉禁十三器"。"柉"字取自汉《礼器碑》中的一句话："笾柉禁壶。"虽然后来有学者指出，笾、柉、禁、壶分别为四种器物，所以将"柉禁"连读是不正确的，但由于此名称影响实在太过深远，因此我们现在仍然约定俗成地称之为"柉禁"。

"柉禁十三器"能够完整地保留下来，避免四散各地的局面，确实要归功于端方。但好景不长，十年之后，端方被委任为川汉、粤汉铁路督办大臣，派往四川镇压保路运动。结果在前往四川途中遭遇新军哗变，意外被杀。一代大收藏家竟然以如此方式离开人世，实在是有些唏嘘。

端方死后，家族迅速衰落，到了1924年，难以为继的家族子弟决定变卖端方生前收藏的文物。最终，"柲禁十三器"以20万两白银的价格卖给了美国传教士福开森，福开森又以30万美元的价格卖给了美国纽约大都会艺术博物馆。

20世纪80年代，大都会艺术博物馆中国古代展厅落成，这一组稀世珍宝被放置在展厅中央最醒目的位置，作为馆藏的重点文物，向来来往往的参观者们讲述着中国的辉煌历史。

戴家湾浩劫

在党毓琨眼里，戴家湾就是金灿灿的聚宝盆，是他足以成为一方霸主的底气，为什么这么说呢？因为当时各地的大小军阀，虽然都已列入政府军编制，但政府只管给名分，却不给经费，诸如武器装备、物资供给等都需要自己想办法解决。那钱从哪儿来呢？盗卖古董是一条捷径，这也是民国时期军阀盗墓如此猖獗的原因。党毓琨曾经说过："古董为天下之宝，以之馈赠，可以讨对方欢心；以之出售，可换回枪支弹药。"早在1924年，党毓琨部驻扎在陕西礼泉县时，就打起过古董的主意。他听闻礼泉城北泔河岸边有村民在挖土时捡到了三件商周青铜器，品相极好，立即派人以征税为名，强行收缴了这三件青铜器。后来，青铜器送给了某位河南军阀，换回一万发子弹、两挺机枪和三支手枪。

可以预料，戴家湾是一个更大的宝藏，于是，一个庞大且缜密的盗宝计划，在党毓琨心中诞生了。

首先，他派人到西安邀请古玩商郑郁文加入此次盗宝活动。郑郁文出生古玩世家，精鉴赏，会修复，在西安一带颇有名气，人送外号"入地眼"。郑郁文一开始不愿意为党毓琨做事，于是想尽办法躲了起来，但最后还是被党毓琨的外甥刘步升给逮到了，最后不得不担任此次盗掘行动的"文物顾问"。

接着，党毓琨又指派第一旅旅长贺玉堂为行动总指挥，凤翔宝兴成钱庄经理范春芳为挖宝总负责人，卫士班长马成龙为总监工，盗墓贼董玉泉、张老九为技术指导，负责确定古墓方位。就这样，一个分工明确、高度专业的盗墓班底搭建完毕。

不仅如此，党毓琨还制定了详细的盗墓计划和奖惩机制。他以戴家沟沟道为界，从沟东开始每向前掘进一丈、深五尺时，就将土方往西推移一次。他还要求对每个工作人员实名登记，对每座古墓出土器物的件数和名称也详细记录。那些迟到、早退或者私藏文物的人，一经发现即进行处罚，而对积极挖掘古墓并主动上交文物者则给予奖励。

这些方法和举措，乍一听上去还挺科学是不是？但实际上，党毓琨的行为是赤裸裸的对中华文化的破坏。他对工人明确要求，"只收铜器不要陶器"，因此工人们但凡挖到陶器、石器之类的文物，不是随手打碎就是随意丢弃。多年以后，考古学泰斗苏秉琦先生在此进行考古发掘，无奈地发现，"陕西地下如仰韶期之红陶、灰陶，虽不少概见，而带色陶片，在考察范围内尚不多有，而斗鸡台却因前数年党毓琨之挖掘毁弃,地面上石器碎块,带色陶片都时时可见"。由此可以想象当年盗掘的野蛮程度。

党毓琨的盗掘活动整整持续了8个月之久,巅峰时期每天有大约1000余人在替党毓琨卖命,小小的戴家沟布满了密密麻麻的工人。在如此高强度的发掘下,整个戴家沟被翻了个底朝天,挖下来的土堆甚至把另一条深沟给填平了。

最终,挖宝大队共盗掘了50多座古墓葬,铜器、玉器等约1500多件。其中有不少墓葬的形制极其特殊,甚为罕见。比如在戴家沟沟东中部稍北处有一座罕见的西周壁画墓。据当时参与盗墓的人回忆,壁画内容分为两部分:第一部分画的是在大山下的一群羊,旁边还放有陶鬲、陶罐等器物;第二部分画的是一群牛,牛有卧有立,牛群中还似乎有一人。推测这可能描绘的是当时人们的游牧生活。除壁画外,墓中还有壁塑,当时的"文物顾问"郑郁文回忆说:

其法是把水牛角劈成四片插入壁中,再用竹根横绑成骨架格子,以生丝编缚。继之于骨架上用灰漆涂抹成凸出墓壁的悬塑。这些壁塑内容可分为宫殿、楼阁、厅房院落以及车马出行与人物故事。大致西壁为宫殿建筑图像,宫殿阙门外依次有跪座站立之人,跪坐者身旁有伞盖之物,身份当较高。腰配"凸"形饰物,发散披于肩、神态凝重、比例不匀。东北壁除壁塑之外,加绘山峦、绿草图案。自山峦谷口而出,有骑兵及车辇队,前、后步骑随行,携狗、羊、牛、鸡、鸟等物。显系游牧部落出行之图。

如果郑郁文的回忆没错的话，这绝对是一个填补中国考古史空白的惊世发现，因为到目前为止，我们的考古发掘工作中还尚未发现面积如此之大的西周壁画墓。可惜此墓早已被毁，当年也没有拍摄现场照片，我们永远都无法去证实了。不过，从西周大墓出土的文物来看，它确实是个王侯级别的大墓。墓室棺椁的南部出土了一件青铜禁，尺寸为长126厘米、高23厘米，上面还陈放着鼎、壶等青铜器。从尺寸上来看，这件青铜禁比端方收藏的柉禁要大上不少。可惜的是，它没有柉禁那样的"好命"，之后它将"四分五裂"，并体验一回"起死回生"，当然这是后话。

国宝归何处

党毓琨的盗墓行为毕竟不是什么光彩的事情，更何况他还如此明目张胆。时任国民革命军第一军总司令冯玉祥得知此事后，于民国十七年（1928）五月，命令宋哲元率领所部三个师、一个旅共约3万人马，围剿凤翔城。

激战数日后，党毓琨部队逐渐顶不住，于是派参谋长李怀芝出城和谈。李怀芝见到宋哲元，说："党司令托我带话，只要您撤兵，党司令愿奉上古物财宝以表示感谢！"

宋哲元听罢，冷笑一声："死到临头了还执迷不悟，你以为我攻打凤翔城，是为了贪图那些宝贝？党毓琨倒行逆施，现在已经人神共愤，不杀不足以平民愤！"说完就把李怀芝给赶回去了。

李怀芝把话带到，党毓琨见求和无望，自己只有拼死抵抗这一条路了，于是整合部队，准备死守到底。双方对峙数月，党毓琨仍不肯束手就擒，宋哲元有些坐不住了，他请准冯玉祥将十三军军长张维玺所部主力调回陕西，共同围剿党毓琨。9 月 3 日凌晨，宋哲元对凤翔城发起最后进攻。攻城部队先用炸药将城墙炸开，然后奋勇队、手枪队冲入城中，与党毓琨部队展开了激烈的巷战。最终，党毓琨在逃跑时被乱枪打死在南城壕里，草草结束了自己恶贯满盈的一生。

党毓琨已死，他挖出的那么多宝贝，最后都流向了何处呢？

战斗结束后，宋哲元第一时间来到了党毓琨在周家大院的仓库，从中搜查出 40 多件珍贵的青铜器。可这区区 40 件青铜器，明显与党毓琨盗挖的文物数量不符，难不成挖了 8 个月，动用上千名民工，全是在"摸鱼"？因此宋哲元坚信，大部分文物都被党毓琨转移了或者售卖了。

宋哲元提审了党毓琨的二姨太"小白鞋"。威逼利诱之下，"小白鞋"交代，当初她知道党毓琨挖出了大批宝贝后，就哭闹着要让他分给自己一部分。经不起"小白鞋"的胡闹，党毓琨只得将青铜双甗、铜爵、铜鼎，以及当初在凤翔城内景福宫道观劫掠的玉佛、明代宫灯和宋代瓷器等数百余件文物通通给了她。接着，"小白鞋"将宝贝分别埋在了高陵通远坊天主教堂、富平党荔堡、到贤镇西仁叉坊东王堡、界首北堡等地。宋哲元顺藤摸瓜，果然找到了这批文物。

后来经过调查，宋哲元还得知，有相当一部分文物已经被党毓琨作为礼物赠送给其他军阀。1927 年 4 月，岳维峻被冯玉祥任命为国民联军南路军总司令，统辖陕军各部，成了党毓琨的顶头上司。为了讨好岳维峻，党毓琨特意命郑郁文挑选了鼎、簋、卣、斝各一件送了过去。岳维峻收到礼物后，立即回赠了 20 挺手提机关枪、

10 挺水机关枪、山西造圆盘机关枪与各式子弹若干。

　　还有一些文物，在挖出来后直接被古玩商拿走售卖。党毓琨曾通过古董商苏少山联系到上海的古董商钱锦涛等人，让他们来凤翔，挑选最有价值、品质最好的青铜器拿去售卖。其中一件西周凤纹卣被北京琉璃厂大古董商岳彬拿到。这件凤纹卣雕刻得异常精美，提梁上有凤头凤眼，花纹全是凤纹，就连出戟也都是凤形凤纹，深得当时法国驻清廷第三大使、大收藏家兼古董商魏武达的喜爱，最终以两万银元的价格成交。之后，西周凤纹卣又经魏武达的手倒卖给了赫伯特·J.迪弗尼，并于 1934 年由安娜·米歇尔·理查德基金会收藏并捐赠给了波士顿美术馆。

　　不过，这宋哲元也不是什么秉公无私的大善人，他眼见这些文物保存状况如此之好、技艺如此之高超，心里生起了独吞的念头。在整理赃款、审判匪首、收缴逆产等工作结束后，宋哲元将缴获的部分文物在凤翔新城四面亭内公开展览了一天，之后就命军法处长肖振瀛率兵，动用了将近一百辆汽车、骡马车等将文物都运回西安了。

　　宋哲元先是将一部分宝贝送给了上司冯玉祥。此后，它们一直存放在冯玉祥家中，直到 1955 年，由冯玉祥夫人李德全捐赠给了故宫博物院。其中一件青铜鼎造型独特，器身均匀分布四道扉棱，颈部饰两组张口卷尾的对夔纹，腹周饰一圈竖直线纹，腹下部饰三角形垂叶纹，足上部饰兽面纹，显得简洁而雅致。器内底部还有"雨"字铭文，所以也被称为"雨鼎"。

　　剩下的大部分宝贝，在宋哲元离开西安时，均被其小老婆和肖振瀛带到了天津，存放在英租界的宋哲元家中，并随即开始了一连串秘密售卖活动。当时日本山中商会势力很大，他们优先挑选了一

雨鼎，故宫博物院藏

批精品后，上海卢吴公司吴启周（即卢芹斋合伙人）、美国通运公司姚叔来、美国纽约古玩商戴运斋紧随其后，购入大批青铜器，之后经过多次倒卖，最终分散到世界各地，成了欧美各大博物馆和收藏家的珍藏。

　　与故宫博物院藏雨鼎类似形制的直棱纹青铜鼎，在当时一共出土了5件，它们仅仅在大小上有所区别，应该是一组列鼎。其中最大一件青铜鼎先被姚叔来买下，后来成为艾弗里·布伦戴奇（Avery Brundage，1887—1975）的收藏。布伦戴奇曾担任国际奥委会主席长达20年之久，同时他也是美国的著名收藏家之一。1959年，布伦戴奇同意将其收藏的部分中国古代艺术品捐赠给旧金山政府，但条件是必须建一个新博物馆来收藏和展览这些艺术品。1966年，旧金山亚洲艺术博物馆建成并开放，布伦戴奇捐赠了超过7700件亚洲艺术品，其中就包括这件直棱纹青铜鼎。

被布伦戴奇一同捐赠给旧金山亚洲艺术博物馆的还有一件非常重要的青铜鼎，陈梦家先生在《西周铜器断代》中将其命名为"周公东征方鼎"。从器名我们即可得知，它讲了一段周公东征的往事，具有极高的史学价值。周公东征方鼎铭文共35字，何清谷先生翻译如下：周公前往征伐东夷，丰伯、薄姑都被平灭。周公回来，在周原的宗庙里向祖先献俘获。戊辰这天，举行饮酒礼，饮的是秦地的清酒。周公赏给𢐗一百朋币，用来铸造祭祖的鼎。

这段故事里有个容易让人忽略的细节，即"举行饮酒礼，饮的是秦地的清酒"。商周王室举行宗庙祭祀时有规定的用酒，即鬯酒。《礼记·曲礼下》："凡挚，天子，鬯。"孔颖达疏："天子鬯者，酿黑黍为酒，其气芬芳调畅，故因谓之鬯也。"所谓鬯酒，是用香草合黑黍酿成的香酒。这次周庙祭祖，周公不按规制，用秦酒替代鬯酒，有什么深意呢？

其实，它透露了西周初年秦人从东方向西方迁徙的信息。在学术界，关于秦人于何地起源这一问题一直有两派观点。一派认为"秦人西来"，如王国维在《秦都邑考》中指出："秦之祖先，起于戎狄。"而戎狄一般聚居于西北地区。蒙文通在《秦为戎族考》中也认为嬴秦为西戎的一支，源于西部。除此之外，顾颉刚、翦伯赞、俞伟超等学者也持此观点。与"秦人西来"对立的是"秦人东来"，近几年来，越来越多的学者赞同此观点。最早提出"东来说"的是傅斯年，他在《夷夏东西说》中指出："秦赵以西方立国，而用东方之姓者，盖商代西向拓土，嬴姓东夷在商人旗帜下入于西戎。《秦本纪》说此事本甚明白。"之后，支持这一说法的文献学、考古学证据越来越多，目前学术界绝大多数人都赞成此说。

而周公东征鼎上的这一段铭文，也可以为"秦人东来说"提供了小小的佐证。西周初年，周公摄政，管叔、蔡叔等人不满周公手握大权，联合纣王的儿子武庚及东夷诸国，发动了大规模的叛乱，史称"三监之乱"。

面对如此严峻的形势，周公毅然东征，平定了叛乱，并乘胜向东夷诸国进军，先是灭了熊、盈等17族。然后挥师北向攻打奄国，灭了铭文中所记丰伯、薄姑等国，最终凯旋，在宗庙里向祖先献俘，并饮秦人所酿的清酒。为什么要饮秦酒呢？其实这和献战俘一个道理，是向祖先报告东征的战绩与成功。这说明秦地就在东方，周公东征时曾经征伐过那里，并带回了秦酒和秦人战俘。后来，秦人战俘被强迫安置在如今甘肃东南一带，为周王室抵御西戎。起初，秦人一没封地，二无姓氏，还无权祭祀自己的祖先，直到非子时，因为为周孝王养马有功，得到了其赏识，获封秦地，秦人这才开始了新的生活。

周公东征方鼎，美国旧金山亚洲艺术馆藏

周公东征方鼎铭拓

那么，周公东征鼎的主人是谁呢？宝鸡市博物馆王光永先生根据参与当年盗掘的当事人的记录，推断周公东征鼎应出土于戴家湾第 16 号墓，也就是前文介绍的那座罕见的西周壁画墓！

　　这座西周大墓还出土了一件鲁侯熙鬲，被盗掘后它先是被卢芹斋买下，最终辗转来到了美国波士顿美术馆。此鬲造型独特，有大兽面纹施于袋足上，花纹从口沿下颈部一直铺满到袋腹部，并以云雷纹细密衬地，鬲内还有铭文三行十三字："鲁侯熙作彝，用享鼎厥文考鲁公。"

鲁侯熙鬲，美国波士顿美术馆藏　鲁侯熙鬲铭文

　　从铭文可知，此鬲是鲁国第三任国君熙为去世的父亲、鲁国首任国君伯禽所做的祭祀用器。鲁国是西周一个姬姓封国，位于今天的山东省。周灭商之后实行分封制，周公被封到了鲁地，但因为辅佐成王的缘故，周公一直没有时间前往封地就国。后来，他让嫡子伯禽赴任，于是伯禽就成了鲁国实际上的开国君主，史称鲁文公。

伯禽去世后，将王位传给了长子酋，之后酋又传位给弟弟熙，史称鲁炀公，也就是鲁熙侯鬲的主人。

说到这里，相信大家可能有个疑问，鲁侯熙鬲作为鲁国的祭祀用器，怎么会出现在距离鲁国上千公里之外的戴家湾呢？这可能是当时流行的赗赠制度的体现。所谓赗赠，又叫作助葬或助丧，古时王、诸侯等贵族死后，其他的族人、朋友等前来吊唁，需要赠送死者陪葬品和送给死者家属一些物品。孔颖达在《周礼·职丧》中注疏："衣被曰襚，财货曰赠，车马曰赗，珠玉曰含。"又云："不言赗者，赗施于生者，故不言也。"

在以往的考古发现中，赗赠制度多有体现。如宝鸡茹家庄西周1号墓中出土了多件带"强"字铭文的青铜器，可以推断这应该是强国上层贵族的墓地。同时还出土了另外两件青铜器：一件为陵尊，铭文为"陵作父乙旅彝"；另一件为菱鬲，铭文为"菱姬作宝"。"菱"通"陵"，发掘者认为这两件青铜器的铭文比较复杂，和同墓中出土的其他青铜器铭文书写方式大不相同，据此推断这就是赗赠的结果。

或许，戴家湾第16号墓主人𤔲生前与鲁侯熙的父亲伯禽为好友。𤔲去世后，鲁侯熙将父亲伯禽的祭器作为礼物随葬在𤔲墓中，以此作为两位老人友谊的见证。

参考文献

[1] 何清谷 . 西周⊔方鼎铭笺释 [J]. 文博，1998（2）.

[2] 罗宏才 . 党毓琨西府盗宝记 [J]. 文博，1997（4）.

[3] 罗宏才 . 党毓琨西府盗宝记（续）[J]. 文博，1997（5）.

[4] 罗宏才 . 党毓琨西府盗宝记（续三）[J]. 文博，1997（6）.

[5] 高次若，刘明科，李逢春 . 斗鸡台盗宝案始末 [J]. 文史精华，1997（9）.

[6] 任雪莉 . 宝鸡戴家湾商周青铜器的整理与研究 [M]. 北京：线装书局，2012.

[7] 梁晓青 . 戴家湾遗址地貌环境变迁的考古学探讨 [J]. 考古与文物，2000（2）.

[8] 赵明路 . 周代赗赙制度 [D]. 成都：四川大学，2007.

[9] 刘明科 . 冯玉祥夫人捐献雨鼎往事 [EB/OL].2014-05-05/2024-06-11.

[10] 周敏珏 . 端方及其交游圈的金石鉴藏研究 [D]. 杭州：浙江大学，2019.

[11] 刘明科 . 党玉琨盗掘斗鸡台（戴家湾）文物的调查报告 [M]. 宝鸡考古撷萃，西安：
    三秦出版社，2006.

[12] 李先登 . 西周夔纹铜禁出土情况与流传经历 [J]. 考古与文物，1982（6）.

[13] 王光永 . 陕西宝鸡戴家湾出土商周青铜器调查报告 [J]. 考古与文物，1991（1）.

[14] 王兆麟 . 斗鸡台文物流失海外 [J]. 侨园，1995（4）.

国宝流浪记

黑水城遗宝

1884 年，沙俄探险家格里戈里·尼古拉耶维奇·波塔宁（G.N.Potanin，1835—1920）来到中国西北地区旅行，在内蒙古他途经了一个土尔扈特部落。

　　土尔扈特是一个古老的蒙古族部落。17 世纪 30 年代，因为与准噶尔部首领巴图尔浑台吉不合，土尔扈特部迁徙到了伏尔加河下游地区。1698 年，一部分族人被首领阿玉奇汗派往西藏礼佛，他们在返回伏尔加河下游时受到沙俄阻挠，后经清政府同意，于 1730 年定牧于额济纳河流域。从那以后，这一小撮土尔扈特人就在此繁衍生息了下来。

黑水城旧影

　　从土尔扈特人口中，波塔宁偶然知道了一个叫哈拉浩特（Khara-Khoto）的地方。哈拉浩特是蒙古语，翻译成汉语是黑水城、黑城的意思。当土尔扈特人来到这里的时候，黑水城就已经荒废许久了。据说那里遍布黄沙掩埋的房屋遗迹，只要随便一挖，就可以挖到很多金银宝藏。

这个神秘的古城强烈吸引着波塔宁，他千方百计想从土尔扈特人口中套出古城的确切位置，但土尔扈特人对古城似乎很是忌惮，他们不敢到古城去，对外人的戒备也很深，所以无论波塔宁怎么利诱，也不透露分毫。

无奈之下，波塔宁只得将黑水城的信息公开了出来。在《中国的唐古特——西藏边区与中央蒙古》一书中，他写道："土尔扈特文献中曾提到，在距离额济纳戈尔最东边的一条支流坤都伦河向东约一天的路程的地方，有个厄尔格—哈喇—布鲁特废墟。据说在那里可以看到不大的科力木，即小城的城墙。附近有许多灌满沙子的房屋痕迹，扒开沙子就能发现银光闪闪的东西。科力木的周围是一片流沙，附近没有水……"

波塔宁的意思很明显：哥们只能帮大家到这里了，至于谁最终能找到这块宝藏之地，大家就八仙过海，各显神通吧！消息放出后，各国探险队一时趋之若鹜，纷纷打算前往抢夺先机。

科兹洛夫探险队

行动最为迅速的，要数沙俄的科兹洛夫探险队。

彼得·库兹米奇·科兹洛夫于 1863 年出生于斯摩棱斯克州的杜霍希纳城，他的父亲是一位以贩卖牲畜为生的小贩。贫困的生活使得科兹洛夫从小就学会了照看牲畜，并要定期帮助家里把牲畜赶

科兹洛夫

到集市上去。不过，虽然家境不好，但科兹洛夫始终没有放弃学习，他特别喜欢阅读探险旅行方面的书籍，尤其是普尔热瓦尔斯基的，作为沙俄在中国探险的先驱者之一，普尔热瓦尔斯基的传奇事迹在沙俄的年轻人中广泛传播，科兹洛夫希望有朝一日也能够成为像他那样的人。

结果，梦想真的照进了现实。1881年的某天，科兹洛夫结束了一天的工作后准备回家，结果竟然与普尔热瓦尔斯基在大街上偶遇了！短暂的交谈中，普尔热瓦尔斯基被这位年轻人的才华和热情吸引，于是邀请其加入自己的考察队。科兹洛夫自然是求之不得，从那时起，科兹洛夫正式投入探险事业。

从1884年到1926年，科兹洛夫曾前后7次到中国新疆、蒙古、西藏、甘肃、四川、青海等地考察。起初，科兹洛夫作为普尔热瓦尔斯基的助手参与考察，其工作以收集动物标本为主。从1899年开始，科兹洛夫开始独立带队到中亚探险，他率领18人组成的考察队，从中俄边境重镇恰克图进入中国，一路考察了青藏高原和四川西部，收集了大量动植物标本，仅爬虫和两栖动物就有750种，鱼400尾，昆虫8万余只。这次考察最终浓缩成《蒙古和喀木》一书。

1907年，科兹洛夫受俄国皇家地理学会的委托，开始了自己一生中最重要的第六次考察。考察队由14人组成，除科兹洛夫自己外，还有莫斯科大学的地理学家亚历山大·亚历山大洛维奇·切尔诺夫，地形测绘员彼得·雅科夫列维奇·纳帕尔科夫，植物和昆虫类收集家谢尔盖·西里维尔斯托维奇·切蒂尔金等人。俄国皇家地理学会给考察队的既定任务有三：第一，研究中部和南部蒙古；第二，对库库淖尔（青海湖）地区进行补充研究，包括库库淖尔湖；第三，取得对四川西北部的研究成果，对这一地区进行自然、历史方面的资料收集。

然而，科兹洛夫有自己的小算盘，自从之前从波塔宁的书中了解到"黑水城"的故事后，就一直对它念念不忘。1899年，科兹洛夫首次独立领导考察活动，来到内蒙古途经额济纳河时，就曾向当地土尔扈特人打探关于黑水河的消息。但当地人对这座神秘的古城依旧是三缄其口。科兹洛夫无法确定黑水城的位置，只能像前辈波塔宁那样遗憾地离开。

时隔8年后，科兹洛夫又有机会来中国考察，时间更充裕，经费更充足，人员配备也更齐全，这次无论如何得找到黑水城了。

1907年11月10日，科兹洛夫一行离开莫斯科，乘坐火车到达伊尔库茨克，与部分护卫队员会合后，经上乌金斯克转而南下，在恰克图完成准备工作，于12月28日进入中国境内。接着，考察队经库伦（今蒙古国首都乌兰巴托）向西南，穿越喀尔喀蒙古土谢图汗、赛音诺颜汗领地，直奔额济纳旗。

这一次，科兹洛夫改变了策略，他努力与当地老百姓，特别是与清政府管辖这一地区的贵族搞好关系。在赛音诺颜部，考察队遇见了热情好客的巴尔金扎萨克一家，他们是大清赐封的蒙古贵族，长期居住于此。在交流过程中，科兹洛夫发现巴尔金扎萨克对考察队随身携带的左轮手枪和别旦式步枪非常感兴趣，便不失时机地将其作为礼物送给了他。这一慷慨的举动明显拉近了两人的距离，在一番称兄道弟后，巴尔金扎萨克答应将考察队引荐给土尔扈特部落的贝勒达齐。

有了中间人的背书，接下来的事情就好办了。科兹洛夫很快就获得了达齐的信任，他告诉科兹洛夫，土尔扈特人之所以对黑水城如此忌惮，是因为在当地人的传说中，黑水城是一座被诅咒的城市。

传说黑水城的最后一任统治者，是一位名叫巴特尔的黑将军，他有一支战无不胜的军队，权倾朝野，最后竟然打起了皇位的主意，发动了叛乱。结果老虎不露爪牙，你以为我是软脚虾？皇帝立马集结大军，准备踏平黑水城。大军将黑水城团团围住，但城池固若金汤，一时间难以攻下。最后，大军决定将流经黑水城的额济纳河用沙袋拦腰堵塞，切断城内的供水，准备来个瓮中捉鳖。

城中无水可饮，百姓只好在城里西北角挖井。但往下挖了近80丈，连水的影子都没瞧见。眼见就要城破，黑将军决定破釜沉舟，与皇帝大军决一死战。他下令把全城的金银财宝都投入了井中，并且把自己的妻子、儿女全都杀死，一方面是让他们去守护这些宝藏，另一方面也是为战败之后免得他们受辱。

接着，黑将军又命令士兵凿通了北部的城墙，率领城内兵马冲出，做最后的抵抗。结局可想而知，当然是全军覆没。不过，获胜之后皇帝并没有占领这座城市，据说黑将军的两个孩子，在死后化成了一青一白的两条大蛇，共同守卫着黑水城，任何人都不能靠近。

黑水城的故事

这一充满画面感的传说，之后被完整记录在了科兹洛夫关于这次探险的游记《蒙古、安多和死城哈喇浩特》中。那么，传说究竟有几分真实性呢？接下来，我们终于可以对黑水城的前世今生来一次全景扫描了。

前面说过，黑水城是汉语说法，在蒙古语中此地叫作"哈喇浩特"。那么黑水城在哪儿呢？如今的内蒙古自治区西部额济纳旗境内，有一条自南向北流淌的额济纳河，古时也叫作弱水、黑河、黑水河。它全长948公里，发源于祁连山脉，之后沿河西走廊向北，在巴丹吉林沙漠西边的戈壁滩上一分为二，形成东河、西河，接着又出为19条支岔，最后流入内陆湖泊——居延海。1930年，由中瑞等国科学家组成的西北科学考查团在这里一次性发掘出土了一万余枚汉简，从那以后"居延汉简"闻名寰宇，当然这是另一个故事了。

河水的滋养形成了戈壁中珍贵的绿洲，使得居延地区自古以来适宜人类居住。西汉时期，汉武帝在这里设置了居延、休屠二城，并于太初三年（前102）任命路博德为居延强弩都尉，让他负责居延地区的整体防御体系。路博德在此修筑居延塞，在居延海的东北方与光禄塞相接，向西南伸延包围居延海的北面和西北面，然后折向西南方，沿额济纳河中游进入酒泉郡境内，与东西走向的汉长城相接，成了防御匈奴的军事重地。大量的军事活动在这里留下了很多古代遗迹。如今，这里还有汉代烽燧、城郭等建筑遗存150余处。

唐代之后，居延地区又得到了进一步发展。武则天垂拱二年（686），同罗、仆固等突厥诸部反叛，左豹韬卫将军刘敬同发兵征讨，并在居延塞将一个城郭扩建为大同城，后来这里成为同城守捉和宁寇军治所。那时候大同城的名气很大，以至于许多向往边塞生活的文人墨客纷纷来这里打卡。开元二十五年（737），王维以河西节度使判官的身份到边塞察访军情，路过居延，写下了千古绝唱《使至塞上》：

单车欲问边，属国过居延。

征蓬出汉塞，归雁入胡天。

大漠孤烟直，长河落日圆。

萧关逢候骑，都护在燕然。

在西夏国时期，居延地区赢来了它的鼎盛时期。西夏由古代羌族的一支——党项族建立，原先居住于四川松潘高原地区，后来由于吐蕃军队的不断侵扰，逐步向东北方向迁移，慢慢占据了甘肃东部、宁夏、陕西北部一带，并且越来越强大。后来，党项族首领拓跋思恭因平叛黄巢起义有功，被赐姓"李"，封"夏国公"，从此拓跋思恭及其李姓后代以夏国公成为当地的藩镇势力。公元1038年，拓跋思恭的后代李元昊（1003—1048）正式称帝，以兴庆府（今宁夏银川）为首都，国号大夏，因为地处西北地区，故通常称为"西夏"。自古历朝历代的开国皇帝都是雄才伟略之士，李元昊也不例外，他巧妙利用北宋与辽国之间的矛盾，抓住一切机会开疆扩土，经过几代帝王的不懈努力，最后竟然形成了宋、辽、夏三足鼎立格局，巅峰时期国土涵盖今宁夏全境、甘肃大部、陕西北部、青海东北部、新疆和蒙古国的一小部分，以及内蒙古中西部广大地区，面积达到了近80万平方公里。

居延地区位于西夏西北方，是其在西部地区防卫吐蕃和回鹘的边防重镇；再加上这里水草丰美，是重要农牧业基地，也是远离宋辽两国的大后方，地理位置十分重要。因此，这里就成了西夏国十二监军司之一黑水镇燕军司的治所，即"额济纳城"。在党项语中，"额济纳"是"黑水"的意思，这就是"黑水城"的由来。

由于黑水城的地理特殊性，西夏在城内修筑了大量防御工事。如今，我们依旧可以在黑水城遗址中找到当年修筑城门、瓮城遗迹，这些城墙夯筑坚实、夯层清楚，一看就会明白当年确实是下了苦功夫。

然而，坚固的城墙抵御住了吐蕃和回鹘的侵扰，却无法阻止另一个民族的崛起。1205年，一代天骄成吉思汗借口西夏收留了蒙古仇人，首次率军进攻西夏，从此拉开了长达20年之久的对夏战争。对成吉思汗来说，西夏的战略地位实在重要。一方面，西夏位于蒙、金相争的中间地带，蒙古若想攻金，就必须先扫除西夏这个后顾之忧。另一方面，拿下了西夏，它就可以作为蒙古军很好的物资配备和兵员补充之地了。因为这些原因，成吉思汗是没有理由不让西夏称臣的。

不过，战无不胜的蒙古大军在西夏身上吃了不少瘪。前几次出击，蒙古大军都因为各种各样的理由退兵了。直到1226年春天，成吉思汗再次率领10万大军进攻西夏，志在必得。黑水城作为蒙古大军通往中原的必经之地，不可避免地发生了一场恶战。蒙古大军将黑水城团团包围，并截断了城内的水源供应，城内百姓顽强抵抗了3个月，最终黑水城沦陷，数万名将士战死，无一人投降。

城破之后，黑水城的故事并未结束。1286年，元朝又在此设置了亦集乃路总管府。"亦集乃"是"额济纳"的蒙古语变音，"路"

则是元代的行政区划之一，相当于现在的地级市。蒙古人对黑水城的经营可以说是不遗余力，他们在旧城的基础上，又扩建了更大的亦集乃城。如今我们看到的黑水城遗址，就是元朝留下来的亦集乃城。巅峰时期，城内有 7000 多人口，汉人、党项人、蒙古人、维吾尔族人杂糅而居，和谐相处。意大利旅行家马可·波罗曾经到过这里，在游记中他如此描述这座城市："这里的居民崇拜宗教偶像，有大量的骆驼和牛，这里饲养着优秀的猎鹰和隼，人们以农业和畜牧业为主，很少有商人。"

在经历了西夏和元朝的繁盛后，黑水城最终在元末走向毁灭。1372 年，朱元璋拜徐达为征虏大将军，率军 15 万，兵分三路征伐北元。其中西路军由冯胜率领，出兵甘肃河西走廊，目的是牵制在西北地区的蒙古诸王的军事力量，以配合徐达率领的中路大军作战。

冯胜以傅友德为先锋，不费吹灰之力占领了北元控制的甘肃行中书省全境。接着，傅友德又率领 5000 骑兵进攻黑水城，黑水城守将卜颜帖木尔见大势已去，无奈投降。由于黑水城远在帝国的边疆，且交通不便，气候恶劣，明朝政府如果打算长期占领，势必要派遣大量军队来驻扎，这样一来军需物品的消耗会非常巨大，这对于初生的明王朝来说是一笔不小的开支。权衡利弊之后，明朝政府决定将黑水城的百姓迁徙至内地。

就这样，无数普通百姓、投降的北元士兵和官吏，在明朝军队的统筹与押解下，被收编成若干小队，携家带口、浩浩荡荡地离开了世代生活的黑水城，朝着千里之外的河西走廊迁徙。至那以后，黑水城就成了一座废弃的空城。

可以想象的是，在这场大迁徙中，肯定有一部分人不愿意背离故土，他们找准机会逃出城外，并在附近艰难定居了下来。也许是出于对故土的怀念，他们将黑水城守将卜颜帖木尔的事迹流传了下来。几百年后，土尔扈特人来到这里，发现了这座空无一人的城市，城内残垣断壁，一片死寂，到处是毁掉的房屋和倒塌的佛塔，而卜颜帖木尔的传说经过几百年的转述与美化，则逐渐演变成了"黑将军"的故事。土尔扈特人将"黑将军"传说与死城联系在一起，将其视为邪灵作祟的不祥之地，唯恐避之不及。

发掘宝藏

对于土尔扈特人所忌惮的诅咒，科兹洛夫自然是不信邪的。在科兹洛夫的花言巧语下，土尔扈特贝勒答应派一名叫巴达的向导带领他们前往黑水城。巴达经验丰富，他本人曾多次到过黑水城，在他的引导下，考察队于1908年3月19日出发，走了一条东南方向的捷径，在穿过一片荒漠山丘后，坐落在沙漠之上的黑水城遗址，终于出现在他们眼前。

在《蒙古、安多和死城哈喇浩特》一书中，科兹洛夫激动地描述了自己初次见到黑水城时的景象：

> ……坐落在粗大且坚硬的瀚海沙岩低地上的哈喇浩特城（即黑水城）终于显现在我们的眼前。要塞西北角上矗立的尖顶大佛塔被许多与之相邻的、依墙和在墙外附近修建的小佛塔群围绕，十分惹人注目。越接近这座废墟，遇到的陶瓷碎片就越多。城被高高的沙岗遮蔽，当我们终于登上台地时，哈喇浩

特迷人的外貌尽现在我们面前。

从哈喇浩特西边而来的人会被一个离要塞西南角有一定距离，类似伊斯兰教清真寺的宽圆顶形小建筑物吸引。几分钟之后我们从与东门斜对的西城门进入这座死城，在这里见到了一片边长约 1/3 俄里，散布着大小不一高低不平的建筑物废墟的正方形荒芜空地，并有陶瓷碎片堆起的高地。到处可以看到佛塔，用烧制得很厚实的砖砌成的庙宇地基同样地明显突出着。大家不由得预感到，在观察和挖掘置身于其中的这一切的过程中，运气加上劳动会让我们得到回报。

……

科兹洛夫在废墟中随便一挖，就挖出了一幅画在亚麻布上的佛像。他喜出望外，立即命令考察队就地扎营，并开始测绘与挖掘。他们先是在一些庙宇废墟中发现了精致的佛教绘画和佛像，又找到了大量文书、手稿、书册等。

科兹洛夫发现，文书上的文字有汉文、蒙古文，但绝大部分由一种复杂的、未知的语言写成。他隐约觉得这些文字非比寻常，但自己又没有能力破解，于是将这些收集到的文物，装了整整十大箱子，寄回俄国皇家地理学会和俄国科学院。搞定这些后，考察队按照原定计划，向下一个目标青海湖出发了。

俄国的汉学家们收到寄来的文物后，立即打开了新世界的大门，他们推断这里很可能是西夏王朝的故都，意义重大，有彻底挖掘的必要性。俄国皇家地理学会和俄国科学院火速发电报给科兹洛夫，要求他赶紧结束手头的工作，返回黑水城，掘地三尺，应挖尽挖，把所有的宝贝给带回来！

就这样，1909 年 5 月 22 日，科兹洛夫在探访西藏东部之后，又赶回额济纳旗，再一次来到黑水城，开始了第二次的劫掠。

这一次的挖掘规模要比上一次大得多，除了原有的考察队队员外，科兹洛夫还委托土尔扈特贝勒，雇佣了一批当地民工。人员数量增加了一到两倍，这就需要更多的粮食补给，于是科兹洛夫又临时雇佣了一些土尔扈特人每天从额济纳旗为他们运送食物。

此次发掘最重要的发现是一座距离城西 500 米左右的佛塔。这是一个覆钵塔式建筑，里面秘藏着许多佛教塑像和成百上千的书籍、绘画、经卷等。初步估计，塔中有超过 2000 册西夏图书和手稿，300 多幅画在麻布、绢和纸上的佛像。面对如此丰富的宝藏，科兹洛夫情不自禁地将这座佛塔命名为"辉煌舍利塔"。在书中，他回忆道：

> 我们可以从这些佛教珍宝中领略到一种栩栩如生的完美表现力，因为它们是如此的美妙绝伦，无与伦比，让我们在很长一段时间里无法将目光从它们的身上移开。但是，只要你从旁边随便拿起一幅画，画面上的多数颜料就会立刻脱落，与色彩一起幻影般消失的还有它的所有魅力，往昔的美丽只留下一丝淡薄的回忆……

考察队于 1909 年 6 月 16 日结束了将近一个月的发掘，由于文物数量实在太多，科兹洛夫用了 40 多头骆驼，才把这些无价之宝从沙漠深处运出。文物运达圣彼得堡后，经俄方初步整理为 8000 多个编号，总件数达 13 万件以上，是迄今世界上最为丰富的西夏文献典藏。如今，它们永久收藏在了俄罗斯科学院东方学研究所圣彼得堡分所。

科兹洛夫在黑水城的伟大发现引起了巨大轰动，在他之后，又有许多探险家前来寻宝。

1914年5月，斯坦因结束了敦煌沿线的烽燧考察后，取道玉门、酒泉，沿着额济纳河来到了黑水城。考虑到人力有限，斯坦因决定先着重清理西城的几座庙宇和一些大的垃圾堆，发掘出了230件汉文文书、57件西夏文文书，以及少量的吐蕃文、回鹘文文书。

接着，斯坦因又在城中央偏北的地方发掘了一座寺庙遗迹，发现了西夏文、西藏文、波斯文文书，同时还出土了印制的和绘制的黑白及彩色的佛像。不过，最重要的发现当数一张带有"中统"年号的纸币。中统（1260—1264）是元世祖忽必烈的首个年号，有研究者认为，这可能是现存最早的纸币。

斯坦因还打起了"辉煌舍利塔"的主意，经过一番仔细的搜索，尽管那里已经被科兹洛夫劫掠了一遍，但斯坦因还是发现了西夏文写本1100多页、印本300多页及数不清的小残片。由此可见，尽管科兹洛夫抢占了先机，但斯坦因凭借更加严谨的发掘程序，还是找到了不少好东西。如今这批文物收藏于英国国家图书馆，总量有7300多件，是除了俄罗斯外世界上收藏西夏文书最多的地方。

1923年，美国探险家华尔纳和他的助手霍勒斯·杰恩来到中国，他们在西安稍事休整后，就直奔黑水城。华尔纳的首要目标是寻找壁画，但这谈何容易，黑水城早在探险家们一次又一次的洗劫中被掠夺殆尽。经过大约两个星期的发掘，华尔纳仅挖出少量的壁画、一面海兽纹铜镜及一些泥塑小宝塔，这使他确信黑水城在经过前人的大规模挖掘后已再无宝贝。

1923 年 11 月 22 日，黑水城下了一场大雪，连续几天的严寒使得发掘工作难以继续。于是，华尔纳与助手杰恩商量结束黑水城的考察，前往下个目的地敦煌。考察队离开黑水城不久，杰恩的脚因冻伤而无法行走，华尔纳只好先护送他到甘州找名医高金城治疗，自己则独自带队前往敦煌。正是在这一次敦煌之行中，华尔纳花了150 美元，用事先准备好的特殊化学溶剂，从莫高窟的墙壁上剥离了 26 方壁画。

中国版"罗塞塔石碑"

黑水城出土的文献中，西夏文文书占了绝大多数。但问题是，由于中国历史叙事的偏见，元朝在修史时并没有修西夏史，导致西夏一度成为长期被忽视的王朝。时间一久，人们对西夏的历史渐渐模糊，到了清末民国，大家连西夏文字都不认得了，更遑论了解西夏历史。

一开始，党项民族并无文字，《新唐书·西域传》云："（党项）无文字，候草木记岁。"直到西夏建国前后，党项人才创制了本民族的文字，当时称为"蕃书"，即今天我们所谓的"西夏文"。目前较为公认的说法是，西夏文字由野利仁荣主持创制完成。野利仁荣是李元昊皇后野利氏一族，他学识渊博，精通历史，被誉为西夏第一文士。在李元昊的授意下，野利仁荣仿照汉字特点，历时三年最终于 1036 年创制出了西夏文，在西夏历史上具有划时代的意义。

作为西夏的官方文字，西夏文被使用了 190 多年，而且生命力顽强，即使西夏亡国后仍被部分西夏遗民所使用。1962 年，河北保定市韩庄村发现了两座明代石幢，石幢八面皆刻有西夏文字。如果按照这一时间来计算的话，西夏文前后延续时间长达500年。明代之后，西夏文才逐渐湮没在历史长河中，成为难以释读的"死文字"。

由于西夏文是模仿汉字的构字方法、借用汉字的基本笔画重新创制的，所以初看上去和汉字极其类似，都是方方正正，一撇一捺。但仔细一瞧，你就会发现虽然每一个笔画都认识，但合在一起却极其陌生。虽然它与汉字有相同的点、横、竖、撇、捺等，却没有汉字常见的竖钩，反而以撇、捺为主。而且结构比汉字更复杂，多数字都在十画以上。

如此复杂的文字系统，在没有找到合适的解读工具之前，绝大多数中国学者都不得要领，更别说外国人了。所以，当科兹洛夫将大批黑水城西夏文献运回俄国后，俄国汉学家们真是丈二和尚摸不着头脑，这压根就是天书呀！

事情的转机来自一个叫伊凤阁的汉学家。伊凤阁于1897年进入圣彼得堡大学学习汉语和满语，毕业后曾先后到中国、英国、法国、德国等国家留学。1904年回国后，伊凤阁开始担任圣彼得堡大学汉语讲师。1909年，科兹洛夫将黑水城文献带回俄国的时候，伊凤阁恰好在皇家地理学会从事研究工作。由于科兹洛夫对西夏文一窍不通，导致所有的文献都凌乱地放置着，于是伊凤阁和其他几位汉学家受命对这些文献进行编号整理。整理过程中，伊凤阁发现了一本叫作《番汉合时掌中珠》的西夏文词典，这才解开了这些未知文字的奥秘。

《番汉合时掌中珠》是党项人骨勒茂才在1190年编写的，出土的时候共37页，有1000多字。在该书的序言中，骨勒茂才说：

不学番言，则岂和番人之众；不会汉语，则岂入汉人之数。番有智者，汉人不敬；汉有贤士，番人不崇，若此者，由语言不通故也。如此则有逆前言。故愚稍学番汉文字，曷敢默而弗言。不避惭怍，准三才，集成番汉语节略一本，言者分辨，语句照然。言音未切，教者能整；语句虽俗，学人易会，号为"合时掌中珠"。

原来，这是一本汉文与西夏文对照的字典，类似于现在的英汉大词典。《番汉合时掌中珠》这书名起得特别形象。它的意思是，西夏人和汉人相遇的时候，就可

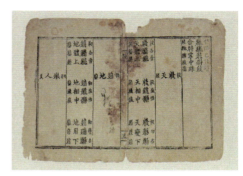

《番汉合时掌中珠》

以取出这本小册子，根据对方的话直接翻译。整本书收录了日月星辰、干支风雨、山河名物、身体发肤等西夏文字共计 1504 个。每个词条又分为四行，从右到左，依次列出了汉文注音、西夏文、汉文、西夏文注音。如果汉人要学习西夏文，可以对应前面的字形与发音。反过来，西夏人要学习汉文，则可以从后面往前倒着看。

《番汉合时掌中珠》就像破译古埃及象形文字的《罗塞塔石碑》一样，成为破译西夏文字的密码本，对照着它，俄国的汉学家毫不费劲就解读出了 1000 多个西夏文字。西夏王朝真实的历史，也随着各类文献的破译，逐渐变得清晰。

比如，通过研究西夏文书，学者们大致了解了当时黑水城的户

籍和人口状况。以其中一个户籍簿为例，上面一共有 79 户人家的具体情况，其中有一户人家的男主人叫作移合讹·千男，他家里一共 8 口人，居住在黑水城中，家中有 3 峰骆驼、10 头牛和 80 只羊，另外还拥有三块水浇地和一块杂地。对比其他住户的相关记录，可以知道千男的家底还是颇为丰厚，在当地应该是有头有脸的人物。

除此之外，千男还是一名正军。什么叫作"正军"呢？西夏律法规定，男子只要年满十五岁就要服兵役，为一丁，在两丁里选取一人作为"正军"或者"辅主"，同时，一个"正军"还要配备一个"负担"。所谓"正军"，是直接参与作战的士兵，而"辅主"则是正军的副手，随时准备接替正军的位置，"负担"则是保证正军后勤生活的杂役。一个"正军"加一个"负担"，称为一"抄"，这是西夏军事组织中的最小作战单位。

从这个规定中可以看出，西夏整个国家已经到了全民皆兵的地步。不过这也可以理解，毕竟西夏国力相对薄弱，想要与强大的宋、辽抗衡，没有一支庞大的军队是不行的。而即使在鼎盛时期，西夏的人口也不过 300 万，但却可以集结 50 万人的军队，这正是全民皆兵的结果。

关于西夏的历史，可以发掘的有趣故事还有很多，但令人遗憾的是，俄罗斯收藏这批西夏文书已经一个世纪，居然还没有整理完！很多文献至今还堆在库房里吃灰。不过这也容易理解，这毕竟不是人家自己的历史，也就没什么穷经皓首的激情和动力。

但国内的研究者就不一样了，我们迫切地想要搞清楚西夏的历史，虽然近半个世纪以来研究者们通过各种方式获得了一些材料，对西夏文和西夏历史的研究有了很大进展，但公开出版的第一手资料毕竟只占少部分，绝大部分还未整理，在别人家的库房里躺着呢！

长久以来，中国学者只能依赖俄罗斯学者发表的有限材料进行研究，这种感觉，实在是太憋屈了。

终于，在两国的积极交涉下，在 1993 年，俄罗斯同意中国派几位研究者赴圣彼得堡对黑水城文献进行研究、拍摄。

但这个研究，也是限制多多。根据当时参与了研究的白滨老师的回忆，中国的研究者只能根据俄罗斯东方所已经整理了目录后的文献进行工作，未经东方所整理编目的文献，想看啊，没门！而已经整理过的文献有多少呢？可能还不到一半。

白滨老师还清楚地记得，当时俄罗斯的克恰诺夫教授领着他们在二楼库房参观，他打开其中一个大橱柜，指着里面一捆一捆密密麻麻的书籍经卷，说："喏，这里都是还未整理过的文献残卷。天晓得，这里面还会有哪些重大发现……"

写到这里，笔者顿时有一种深深的无力感，西夏明明是诞生于中华大地的灿烂文化，但当我们想要去研究、去还原那段辉煌的历史的时候，却要看其他国家的脸色。不过，虽然愤慨，但也无可奈何，我们如今唯一能做的，就是要明白只有祖国强大了，才能不被欺负，才能岁月静好。

参考文献

[1] 彼·库·柯兹洛夫. 蒙古、安多和死城哈喇浩特 [M]. 兰州：兰州大学出版社，2011.

[2] 斯坦因. 亚洲腹地考古图记 [M]. 桂林：广西师范大学出版社，2004.

[3] 兰登·华尔纳. 在中国漫长的古道上 [M]. 乌鲁木齐：新疆人民出版社，2013.

[4] 刘兆和. 日落黑城 [M]. 呼和浩特：内蒙古大学出版社，2009.

[5] 王бог隆，丁淑琴. 柯兹洛夫的探险生涯及其第六次考察 [J]. 西北师大学报，2001（6）.

[6] 赵彦昌. 论西夏文献流失海外的原因、经过和具体分布 [J]. 辽宁大学学报（哲学社会科学版），2013（3）.

1918 年 2 月 20 日，日本著名建筑史家、东京大学教授关野贞（1868—1935）从日本东京出发，前往中国，开始了对中国文化古迹的第三次考察。他一路从东北南下，途经沈阳、北京、河北、河南等地，并于 6 月 28 日来到了山西太原，准备考察太原附近的遗迹。

在来太原之前，关野贞已经做了不少功课，他发现周边的石窟和寺庙并不少，比如《太原县志》记载：

> 童子寺，在县西十里龙山上，北齐天保七年宏礼禅师建，时有二童子，见于山，有大石似世尊，遂镌佛像，高一百七十尺，因名童子寺。
>
> 县瓮寺在县西南十里县瓮山，魏熙平初，沙门灵辨造华严论于此，北齐天保三年僧离辨建，缘山凿石室。
>
> 圣寿寺，在县西南三十里天龙山麓，北齐皇建元年建，内有石室二十四龛，石佛四尊，隋开皇四年镌石室铭。寺东一里，凿壁为池。有龙王庙，内有千佛楼，北汉广运二年刘继元命嬖臣范超，冶金为佛，同平章事李恽撰碑，金天会二年废，元至正二年重建。明正德初僧道永建高阁，以庇石佛。嘉靖二十五年西岩凿石洞三龛，以避兵，释洪连刺血书五大部经文于此。
>
> ……

然而，当他向当地知县和老百姓询问寺庙和石窟的信息时，众人皆一脸茫然，太原周边还有这些寺庙？没听说过。看来，这些寺庙已经荒废多年，连本地人都不知其踪迹了。幸运的是，晋祠一位老道士提供了一条线索：天龙山上还存着一座叫圣寿寺的寺庙，但石窟是否尚存，就不得而知了。

　　天龙山离晋祠不远，沿柳子峪西行即可抵达。面对这仅有的线索，关野贞没有多想，第二天就驱马南行，从县城过晋祠，奔着天龙山去了。这一路走得颇为艰难，最终关野贞花了四个半小时才抵达，此时的圣寿寺已相当衰颓，丝毫没有往日辉煌的模样。圣寿寺西面有一座耸立的高山，即天龙山，山顶附近隐约可以看见几个并列的石窟。

　　关野贞准备上山，但由于常年无人问津，通往石窟的山路早已荒废，他只能一点一点地爬上去。历经千辛万苦，关野贞终于抵达山顶，等待他的是一龛龛保存完好的石窟，经初步判断，石窟数量有十几处之多，年代从东魏北齐一直延续到隋唐，虽然天龙山石窟的规模不及莫高窟、云冈石窟的十之一二，但肉眼所及，其造像的精美程度、恢弘气象丝毫不输这些名声在外的石窟。

　　关野贞无意间"发现"了一个"新"石窟，不由惊喜万分，他立即改变既定行程，先下山在圣寿寺内借宿一晚，并在第二天详细完成了石窟的拍照、编号、测量、文字记录等工作，最终满载而归。

　　1921年，关野贞将天龙山石窟考察报告发表在日本《国华》杂志上，立即在日本引发了"天龙山石窟热"，无数艺术史学家、探险家、古董商循着关野贞的记载，慕名前往天龙山。1921年10月，距离关野贞发表《天龙山石窟》调查报告仅两个月后，常盘大定（1870—1945）即到访了天龙山石窟，回国后，他在《中国佛教史迹踏查记》中记录了这次经历。1922 年，田中俊逸考察天龙山石窟，他最大的成就是补充了关野贞之前调查遗漏的石窟，并对天龙山石窟重新编了号。现在天龙山石窟的编号基本上还是遵循了田中当年的编号，由此可见其调查的重要性。除此之外，瑞典学者喜龙仁（Osvald Siren，1879—1966）也曾于 1922 年来到天龙山，对天龙山石窟进行考察、研究。

这一阶段，来访者的目的还比较单纯，基本以学术研究为主。但仅仅一年后，一切都变了，当地人认为天龙山佛造像深受外国人喜爱，于是产生了擅自盗凿佛头、出售给外国人的恶劣行为。从 1924 年起，一场针对天龙山石窟的盗宝活动开始了，大部分石窟在劫难逃，有的造像甚至全身都被盗走。1925 年 8 月，常盘大定为了撰写《中国佛教史迹》一书，委托在日本留学的山西籍学生甯超武、赵青誉与太原美丽兴照相馆前往天龙山补拍佛像照片，发现洞窟里很多佛像的佛头都被凿了。常盘大定只能遗憾地说："这些考察以及前后若干考察，使得（天龙山）中外喧传，但遗憾的是这也招致了破坏。"

短短几年间，这里究竟发生了什么？

山中定次郎的商业帝国

开天龙山盗卖之风的罪魁祸首，是一个叫山中定次郎的日本古董商。

山中定次郎

　　1866 年，山中定次郎出生于日本大阪的一个古董商家庭，原名安达定次郎。由于家庭的关系，定次郎从小就跟着父亲安达信五郎出入各种古董铺子，别的小孩还在玩泥巴的时候，他就已经开始上手古董了。耳濡目染之下，定次郎对古董非常感兴趣，但他父亲说白了就是个小古董商，和现在潘家园那些小商贩没什么区别。因此到了 1878 年，父亲在定次郎 12 岁的时候，把他送到了当时大阪久负盛名的古董商山中吉兵卫那儿当了一名学徒。

　　学徒期间，定次郎工作十分努力，不断积累着经商经验和文物鉴定知识。通过不断接触来自欧美的学者和收藏家，他敏锐地意识到，东方艺术未来在欧美国家可能会很有市场，便利用业余时间，去松村敏夫开办的英文私塾学习英语。

　　定次郎的这个举动无疑是非常超前的，巧的是，古董店主人山中吉兵卫也和定次郎有着相同的想法，他预感到未来的古董市场必定是国际化的，所以他一直在寻找懂外语的年轻人。

　　很快，山中吉兵卫就发现了定次郎是个可造之材，不仅眼光超前，而且业务能力强、情商高，于是干脆收他为义子，还把自己的

山中商会标志

长女山中贞许配给了他。从那以后，安达定次郎入赘山中家族，改姓山中，成了一名赘婿。有了山中家族作为靠山后，山中定次郎"一遇风云便化龙"，从此走上了开挂般的人生路。

1894年，在老丈人资助下，山中定次郎和另一位族人山中繁次郎一同登上了前往美国纽约的渡轮。他们在纽约市西区二十七街开设了一家面积很小的店铺，结果美国人对这些日本工艺品感到十分新奇，带来的货品很快就被一抢而空。

之后，他们又在波士顿、芝加哥开设了分店。1900年，伦敦分店开张，该店铺位于伦敦黄金地段，斜对面就是苏富比拍卖行。1905年又在巴黎开设代理店，并改组为山中商会集团公司，山中定次郎自己担任业务执行。短短几年间，山中定次郎就抓住了20世纪初欧美经济高速发展的红利，快速在海外建立了销售网络，一举成为全世界最大的亚洲古董经营商。

意识到海外的旺盛需求后，山中定次郎把目光转向了历史更加悠久、古董文物更加丰富的中国。1901年，山中商会在北京东城麻线胡同3号设立办事处。后来随着业务发展，山中商会又于

1917 年购入了肃亲王家的一处 300 平米的四合院，作为自己在北京的分店。

山中商会北京分店长是高田又四郎，另有 4 名日本雇员、15 名中国雇员。每年春秋两季，山中定次郎都会来北京收购古董。由于待的时间很短，山中定次郎挑货非常高效。当时京城古玩圈的人都知道山中商会财大气粗，而且从不砍价，所以扎堆地把宝贝往麻线胡同 3 号送。每次山中定次郎来北京，就会在胡同里举办摆摊会，让大家把好东西摆出来给自己挑。

前面我们聊过的北京大古玩商岳彬，当时还是个小角色，他就参加过摆摊会。根据岳彬自己的回忆，那是民国八年（1919）四月末的时候，那天各个古玩商早早地在麻线胡同 3 号的花园里摆好了摊。上午八点，山中商会的总经理走到摊前，挨着摊转，他身后跟着一位瘦小干瘪，留着八字胡，穿着日本和服的人，此人就是山中定次郎。山中定次郎不苟言笑，见着摊主也不说话，只是低着头挨个看货，看好的货，用手一指，身后的年轻人立马上来问价，摊主说出一个价格，年轻人随即就开支票付款，也不还价。

所有的货摊全部看完，已经是上午十点，两个钟头，花园里鸦雀无声，等全部货摊走完后，各摊主再按照顺序，将被选中的货品送进山中商会的大客厅。

除了在北京挑货，店长高田又四郎还会差人到上海等地找货，方式同样霸气。一般他们看中了什么，就经常包揽掉整柜子的货，并要求卖家"封货"。

"封货"是古玩交易中的行话，一般指的是买家看好了东西，但还没有讲妥价格，这时候卖方为了表示诚意，就会把货当场封存起来，由买家写张封条贴上，表示卖方不再给别的客人看，也不能挪动了。由于山中商会一封货，就封一整柜子，所以古玩商们都爱跟他们做生意。

当时中国积贫积弱，这些古玩商再怎么开价，都不至于太离谱，因此山中商会在中国疯狂收购文物，再倒卖到欧美国家，赚了个盆满钵满。这其中，真正让山中定次郎在国际收藏圈一炮而红的，是他整体收购了恭亲王府的文物旧藏。正是这次交易，奠定了山中商会成为世界上最大的中国古董商的基础。

恭王府旧藏

在北京什刹海的北岸，坐落着几座清代著名的王府，其中保存最完整、名气最高的，要数恭王府。这座占地六万多平方米的王府里，曾经生活着两位在清朝历史上风云一时的人物：和珅和恭亲王奕䜣。

奕䜣

很多人不知道的是，恭王府的创建者其实是和珅。乾隆四十一年（1776），深得乾隆帝赏识的和珅升任户部侍郎、军机大臣兼内务府大臣。也正是在这一年，和珅开始在什刹海北岸兴建宅邸，也就是日后的恭王府。

后来，嘉庆皇帝即位之后就把和珅给杀了，和珅的那些家产全部被没收，这座和宅自然也就成了皇家资产。嘉庆四年（1799），这座宅邸被嘉庆皇帝赏赐给弟弟庆王，这座宅邸改称为庆王府。再后来，咸丰皇帝又将"庆王府"赐给了六弟恭亲王奕䜣，改称"恭王府"。

晚清时候，恭亲王奕䜣可是个翻云覆雨的风云人物。据说，奕䜣是文武全才，各方面均胜于哥哥奕詝，道光帝也最宠爱他，在立储时，曾在奕䜣与奕詝两人之间摇摆。后来，奕詝的老师杜受田建议奕詝扬长避短，不以时政和骑马习武来取胜，而是以仁孝之心取悦于道光帝，最终才夺得了皇位。

尽管奕䜣与皇位失之交臂，但他在朝堂之上却极具分量。1860年，英法联军进攻北平，咸丰皇帝吓得跑到了承德避暑山庄，留下奕䜣坐镇朝廷。奕䜣也不辱使命，与英法联军和谈，并获得了西方世界的好感。

1861年，咸丰皇帝病死，幼小的同治皇帝继位。咸丰死的时候，封了八位顾命大臣来辅佐儿子，不知道是不是对弟弟奕䜣有提防之心，这八位大臣里面，根本就没有奕䜣的名字。这可气坏了奕䜣：论亲疏关系，我是你的弟弟；论办事能力，我主和谈、平太平天国，谁的本事有我大，可到头来我却一点好处都捞不着，这到哪儿说理去？这奕䜣越想越不对劲，后来干脆协助慈禧、慈安两位太后发动了辛酉政变，成功夺取了政权，把咸丰任命的"顾命八大臣"全给扳倒了，并开启了两宫垂帘听政、亲王辅政的体制。自此，奕䜣站上了帝国权力的中心。

在这期间，奕䜣还做了一件大事，那就是大搞洋务运动。现在我们说起洋务运动，想到的都是曾国藩、李鸿章、左宗棠这些人，但是其实洋务运动真正的核心是奕䜣，要是没有奕䜣在朝廷中不断奔走宣传、争取资源，李鸿章他们在地方上搞军事工业、新式学校是没有那么顺利的。所以中国近代工业能够发展起来，军功章得有一半是奕䜣的。

不过，位高权重必然引起他人嫉妒。当时朝廷的绝对权威是谁啊？自然是慈禧。慈禧是个妥妥的守旧派，就盯着自己手上的一亩三分地，当然看不惯奕䜣搞的这些事情。光绪十年（1884），清军在中法战争中失利，慈禧逮着这个机会，把奕䜣的一切职务给免了，同时还将奕䜣集团的全班人马逐出了军机处和总理各国事务衙门。从那以后，奕䜣远离了权力中心。

作为恭王府的主人，奕䜣不仅拥有强大的政治手腕，还是位鉴赏家和收藏家。恭王府内有一处专门存放他藏品的院落，院中正厅名为"锡晋斋"，里面珍藏着我国现存最早的书法名迹——西晋陆机《平复帖》。《平复帖》在乾隆时期进入宫廷内府，后被赐给了乾隆第十一子永瑆。光绪六年（1880），永瑆之孙载治去世，奕䜣奉命代管载治府事务，他以载治的两个儿子溥伦和溥侗年幼为借口，将载治府中的《平复帖》据为己有，从此《平复帖》就成了恭王府收藏。

除此之外，恭王府还收藏了王羲之《游目帖》、颜真卿《告身帖》、怀素《苦笋帖》、韩幹《照夜白图》等书画珍宝，另有青铜器、瓷器、玉器、木器、织绣不计其数，可以称得上是当时的皇家顶级收藏。但令奕䜣万万没想到的是，随着1912年清王朝的灭亡，这些价值连城的珍宝在很短时间内就遭遇了流散异国的厄运。

1912年，清朝末代皇帝爱新觉罗·溥仪宣布退位，至此，统治中国长达267年的大清帝国落下帷幕。此时恭王府的主人，已经从奕䜣变成了他的孙子溥伟。这溥伟没有他祖父那样强的能力，性格倒是固执得很，是个坚定的守旧派。他无法接受大清已经亡了的事实，也无法放弃从小过惯了的锦衣玉食的生活，于是想尽各种办法谋求复辟。

然而，搞复辟得有活动资金去疏通各方势力和人脉，可清朝灭亡后，国民政府已经断了这些皇亲国戚的俸禄，溥伟没有收入来源，连生活都无法保障，更何况搞复辟？思来想去，他打起了兜售家产的主意。

山中定次郎一得到消息，就在朋友山中六三郎、冈田友次的陪伴下，前往恭王府，请求收购文物。

当时，溥伟正在青岛与肃亲王善耆、日本浪人川岛浪速一起谋划"满蒙独立运动"的事儿，溥伟的母亲和弟弟溥儒则避居西山戒台寺，所以山中定次郎造访时，恭王府内连一个做主的人都没有。

经过一番折腾，山中定次郎一行人被管家引入恭王府。接下来，是山中定次郎一生都无法忘记的场景：只见恭王府宽敞的庭院内，有一排排堆满宝物的库房，这些库房按类别划分，有如意库、书画库、青铜器库，大概有几十间。每个库房里的物品上都落满了厚厚一层灰，似乎很久没人来保养过了。在库房里还能看到无数的翡翠珠宝首饰，多得就像是米店里的大米，用山中定次郎自己的话说，随便一颗就够一个日本女人一年的收入。

管家见山中定次郎对这些翡翠感兴趣，像抓豆子一样随手捧起一把珠宝问道："这些东西，你打算出多少钱？"显而易见，由于常年生活在荣华富贵中，恭王府内所有人对这些宝贝已经完全麻木了，即使是管理王府日常事务的管家，也完全不了解它们的市场行情。管家的天真与无知，对山中定次郎来说无疑是巨大的机会。他按捺住内心的激动，与恭王府开始了耐心的交涉与谈判，最终以40万大洋的价格买下了除字画以外几乎所有的文物，这其中包括99件青铜器、134件瓷器、244件玉器以及上千件其他文物。

之后，这批文物被运回日本，经过整理后分成了三批：一批运往美国纽约，一批运往英国伦敦，还有一批留在了日本。

1913年2月底，山中商会"天上艺术至宝"拍卖会在纽约举行，几乎全球所有的大古董商都云集于此。此次拍卖一共有536件拍品，包括玉器、青铜器、陶瓷、木器、珐琅、石雕、织绣7大类。为了配合此次拍卖，山中商会还特意印制了精美的图录，封面上"纽约1913年AAA恭亲王竞卖"几个烫金大字显示了这批拍品的不凡来历。最后所有拍品全部成交，没有一件流拍，总成交额达到了28万美元，创下了当时拍卖成交的最高纪录。

之后，山中商会又在英国伦敦成功拍卖了263件恭王府旧藏，同时在日本国内的恭王府文物也受到了收藏家的追捧。这次收购，让山中商会赚得盆满钵满，而用这批资金，山中商会开始涉足地产、运输、酒店、商场的开发与经营，从而迅速崛起，成为日本商界举足轻重的企业。

天龙山之劫

　　1917年，山中吉兵卫去世，次年山中定次郎将山中商会集团公司改组为山中商会股份有限公司，并担任社长。从那以后，山中商会经营中国文物的种类和销售方式发生了很大变化。以往山中商会的销售方式以拍卖为主，但之后则转变为展销零售，主动根据客户的需求定向寻找货源。文物种类则从之前的青铜器、瓷器、玉器等传世品转向佛像、壁画、商周铜器等出土文物和不可移动文物。为了获得更大的商业机会，山中定次郎效仿其他日本学者、探险家，开始在中国各地找寻文物。

　　随着1918年关野贞重新发现了天龙山石窟，一大批学者开始将注意力放到这个已经被人遗忘的艺术瑰宝上。天龙山石窟开凿于

天龙山石窟第8窟

北朝东魏时期，距今已有 1400 多年的历史，之后北齐、隋、唐相继在此开窟，目前仍存 25 个洞窟、1500 多尊佛像。

虽然天龙山石窟的规模不及云冈、龙门等石窟，但由于一开始它就以皇家造像的标准来开窟，所以呈现出来的艺术性并不低于云冈、龙门，甚至学术界还将其艺术风格单独命名为"天龙山式样"，足见其地位。

天龙山石窟的辉煌得益于太原在北朝、隋唐时期的独特地位。永熙三年（534），东魏权臣高欢扶植年仅十一岁的元善见为傀儡皇帝，建立东魏，定都邺城。作为东魏的实际掌权者，高欢选择晋阳（今太原）作为自己的大本营，修建了壮丽的大丞相府，以此遥控朝政，左右皇帝。《北齐书》卷四《文宣本纪》记载："并州之太原、青州之齐郡，霸业所在，王命是基。"由此可见，晋阳是当时实际的政治和军事中心。而高欢恰好崇信佛教，正是在这一时期，天龙山拉开了开窟造像的序幕（第 2 窟、第 3 窟）。

武定八年（550），高欢次子高洋称帝，改国号为齐，史称北齐。晋阳依旧是朝廷的别都，北齐历代皇帝几乎每年都往来于晋阳、邺城之间。高洋还在天龙山修建了自己的避暑宫殿，并开凿了三龛石窟（第 1 窟、第 10 窟、第 16 窟）。高洋在位十年，后因纵欲酗酒而暴毙，儿子高殷继承皇位，但第二年就被他的六叔、高洋的六弟高演废掉并杀害。高演在位仅一年多，他延续了父兄的礼佛传统，于皇建元年（560）在方山兴建天龙寺，天龙山因此得名。

后来，北周贵族杨坚建立了隋朝，重新统一中国。这时候的晋阳依旧被看作龙兴之地，后来的隋炀帝杨广在 13 岁被封为晋王，镇守晋阳，官拜柱国、并州（太原）总管。在称帝之前，杨广也曾在天龙山石窟雕像立佛（第 8 窟）。

隋朝末年，李渊起兵于晋阳，为大唐帝国奠定了基业。此后天龙山石窟迎来了辉煌，目前所知的 25 个洞窟，有 19 个开凿于唐代。但从武则天之后，天龙山石窟的开凿史便结束了。随着政治权力中心的南移、城市中寺庙建设潮流的兴起，开凿石窟的热情逐渐消退。慢慢地，天龙山石窟成了被人遗忘的存在，直到千百年后被日本人重新"发现"。

1922 年，山中定次郎第一次见到天龙山的照片，就被那里的石窟和造像深深地吸引住了，从而开始了天龙山佛造像的收购和买卖之路。两年之后，他本人终于亲自来到天龙山，在日记中，他如此描述当时的心情：

能探查佛教圣地天龙山是我期盼已久之事。因为这里珍藏了北齐到隋唐中国佛教艺术最鼎盛时期的辉煌。在石窟内，当我看到佛龛、佛像等雕刻时，内心的惊讶与喜悦无法用语言表达。我拿着电筒仔细观察着每一处，久久不愿离去。

或许从看到天龙山石窟的那一刻起，山中定次郎就已经在心里酝酿他的盗凿计划了。在他眼中，这些精美的佛像固然是艺术珍宝，但更是可以卖出高价的商品。

1926 年，山中定次郎再度到达天龙山。他先是找到了圣寿寺的住持净亮和尚，并以重金诱惑，希望他能为盗凿活动开绿灯。净亮和尚这辈子没见过这么多的金条，在一番不那么纠结的挣扎后，他欣然同意。从那一刻起，净亮和尚不再是虔诚的佛门弟子，而是一个伙同外国人的盗贼。

山中定次郎为这次盗凿做了充足的准备，他要求工人们用圆刀、直平刀沿着裂隙慢慢地刻划，一边轻轻锤敲，一边切割分离，尽可能保证佛像的完整性。藻井的浮雕飞天，则用粘取等方式，连带色彩完整切了下来。最终，历经四个朝代开凿的天龙山石窟在锯齿中、在铁锤下变得满目疮痍。山中定次郎满载而归，一共凿走了四十五尊佛像，它们被装成箱，运到北京，然后由北京运往日本。而当地的百姓，从寺庙的和尚到山中的村民，无动于衷地看着佛头被敲下来运走，竟没有一个人站出来阻止。

最可恨的是，山中定次郎盗走佛头不说，还堂而皇之地给自己洗白。1928 年，山中定次郎将天龙山佛像整理成书，名为《天龙山石佛集》。在书中，山中定次郎掩盖了自己的罪行，并把自己塑造成了天龙山石窟的狂热爱好者和拯救者：

> 我发现有几具曾经完整的塑像已经失去了头部，应该是被什么人凿下来的，令我感到十分惋惜。在那个瞬间，我仿佛觉得好像失去了一位老友。同时，对于那些胆敢毁坏如此名作的偷盗者们，我也很难抑制憎恨的情绪……

如此贼喊捉贼的做法，脸皮实在是有些厚。最可恨的是，他还堂而皇之地举办起了展览会。1932 年 11 月，山中商会在日本东京美术协会举办"世界古美术展"，将这批天龙山佛像公开拍卖。山中定次郎赚了个盆满钵满，而天龙山佛像则受到了二次伤害，一尊造像被拆分成多个拍卖标的，流落到了世界各地，被不同博物馆分别收藏。比如第21窟唐代三尊菩萨像，被盗凿后还保存得相对完整，如今却分别收藏在美国波士顿美术馆、旧金山亚洲艺术博物馆、纽约大都会艺术博物馆等地。

提到文物保护的时候，我们经常会说一个词：原真性。一件文物，只有放到它原生的历史语境中，才能最大限度地发挥其历史意义。天龙山石窟中窟与窟之间的关系、龛与龛之间的组合，乃至不同造像间的题材组合，都是一个完整的艺术呈现。如今盗凿者和古董商将造像从原生环境中剥离出来，再将其大卸八块卖给不同的博物馆，导致我们现在看到的都是残损不全的造像，根本无法想象石窟的原貌。不得不说，这是人类文明的巨大悲剧。

国宝归家之路

如今，参观者如果去天龙山石窟，基本上已"无佛可看"。根据目前的研究，天龙山石窟有240余尊造像被盗凿，其中150余件收藏在日本和欧美的各大博物馆及私人藏家手中，剩余90多件至今下落不明。李裕群所著的《天龙山石窟》中，详细整理了天龙山石窟造像的下落，这里列举一部分：

第1窟
东壁：龛内一坐佛二菩萨。佛头，日本私人收藏。
西壁：龛内一坐佛二菩萨。佛头，日本私人收藏。北侧菩萨头，日本根津美术馆藏。

第 2 窟

北壁：龛内一坐佛，龛外二菩萨。佛头，荷兰莱顿国立民族博物馆藏。

东壁：龛内一倚坐佛二菩萨。龛外维摩、文书、二供养人。佛头，德国科隆东方艺术博物馆藏。南侧菩萨身，美国哈佛大学福格艺术馆藏。

西壁：龛内一倚坐佛，龛外二菩萨。南侧菩萨头，日本收藏。

南壁：浮雕二罗汉，哈佛大学藏。

窟顶：浮雕莲花，四飞天。飞天，哈佛大学藏。

……

如此多的国宝流浪异国他乡，作为国人岂不触动？好在近几年来，随着中国国力的日益强盛，很多有识之士为国宝回归做出了不懈努力。

2021 年的央视春节联欢晚会上有个特别节目，叫作《国宝回归》，讲的是天龙山石窟第 8 窟北壁主尊佛首回归祖国的故事。这尊佛首流失海外近一个世纪，最终回归祖国，并于除夕夜在全国人民面前隆重亮相，极大地增强了我国的民族自信。

天龙山石窟第 8 窟开凿于隋朝开皇四年（584），是天龙山唯一有明确纪年的中心塔柱窟。第 8 窟位于天龙山东峰西侧，窟口朝向西南，前廊窟檐为仿木勾建筑形式，廊下雕有两根立柱，其中一根立柱保存完好，另一则仅存上半段。门楣为尖拱形，两侧石柱顶端还雕刻凤鸟，栩栩如生。窟门外两侧雕有身着菩萨装束的金刚力士像（今不存，藏于日本京都藤井友邻馆），左侧还有一块开窟

天龙山第 8 窟北壁主尊隋代佛首，天龙山石窟博物馆藏

功德碑，根据内容可知，此龛是隋开皇四年，当时的仪同三司真定县开国侯刘瑞等人为隋文帝、皇后及晋王杨广祈福而开凿的。第8窟主室平面呈方形，北壁设尖楣圆拱龛，龛内雕一佛，龛外两侧各雕一弟子一菩萨。东壁、西壁的形制与北壁一致。窟内设方形中心柱，四壁均雕一佛二弟子三尊像。和其他洞窟一样，第8窟内各龛的主佛佛头均已被盗凿。

2020年9月14日，日本东瀛国际拍卖株式会社举行了一次拍卖会，其中一尊"唐代石雕佛头"作为明星拍品受到了藏家的关注。这件文物由拍卖行从日本当地一位私人藏家手中征集而来，尽管拍品资料有限，但工作人员根据多年行业经验，判断它属于特别有收藏价值的重要拍品，于是将其作为亮点进行了宣传。

没想到在开拍之前，东瀛国际拍卖突然收到了中国国家文物局的信函，要求终止与该佛首相关的拍卖和宣传展示活动，予以撤拍。原来，中国国家文物局也注意到了这件拍品，专家们通过反复对比拍品图录，初步断定这应该不是尊唐代佛首，正确的年代应该是隋代。而在天龙山石窟20世纪20年代的老照片中，恰好有一张第八窟北壁主尊45度角的照片，照片中主尊头像从左脸颊一直到耳根有一条白色风化带，与拍品完全一致。据此，专家们判断，此佛首为天龙山石窟第8窟北壁佛龛主尊佛像的被盗佛首，于是立即启动了追索机制。

也许是冥冥之中注定，东瀛国际拍卖的董事长张荣恰好是一位旅日华侨，他虽然生活在日本，但认同和传承的仍然是中华文化。在从事文物收藏的近40年间，张荣在中国文物海外回流这件事上做出了巨大的贡献，由他个人促成的海外流失文物回到国家博物馆的超过 100 多件，其中 6 件为国家一级文物，29 件二级文物。这一次，他也积极响应国家号召，尽其所能地与持有佛首的日本藏家沟通，最终他自掏腰包买下佛首，并将其无偿捐赠给中国政府，这才有了后续佛首在春晚上的亮相。

如今，佛首已经回到了它最初的地方，成为天龙山石窟博物馆的永久收藏。这也是近百年来从日本回流的第一件天龙山石窟流失佛造像。当然，我们也希望这仅仅是一个开头，也许在今后的日子里，会有更多流失海外的天龙山石窟造像回到它原来的家。

参考文献 ────

[1] 李裕群. 天龙山石窟 [M]. 北京：科学出版社，2003.

[2] 陈文平，牛梦沉. 山中定次郎与山中商会 [M]. 上海：上海书画出版社，2020.

[3] 李竟辉，杨晓明. 归来：中国海外文物回归纪实 [M]. 北京：中国大百科全书出版社，2022.

[4] 牛宪峰. 中华流失文物迷踪 1[M]. 重庆：重庆出版社，2022.

[5] 刘亚婷. 天龙山石窟第 8 窟开凿原因及其艺术风格探析 [J]. 美术文献，2022（3）.

[6] 鲁宁，周劲思. 恭王府文物流散的几条重要线索 [J]. 艺术市场，2005（3）.

[7] 徐苏斌，贺美芳. 解读关野贞的中国建筑图像记录 [J]. 中国文化遗产，2014（12）.

[8] 武惠民. 佛首魂归何处？——太原天龙山石窟佛首盗凿流失史 [J]. 文物世界，2013（2）.

[9] 关野贞，范丽雅. 天龙山石窟 [J]. 美术大观，2023（5）.

[10] 王学涛，徐伟，柴婷，等. 佛首终返天龙山，百年漫漫"归乡路" [N]. 新华每日电讯，2021-7-30.

堪萨斯的『中国庙宇』

　　1933 年 12 月 11 日，美国密苏里州堪萨斯城，筹备三年的纳尔逊－阿特金斯艺术博物馆（Nelson-Atkins Museum of Art，以下简称纳尔逊博物馆）正式开幕。博物馆为新古典主义的希腊罗马式建筑，不仅外观宏伟气派，其展品质量也属一流，第一天就吸引了近 8000 名观众来参观。要知道，即使是现在，堪萨斯城的总人口也不到 50 万人，由此可以想象当年的盛况。

　　让观众颇为意外的是，博物馆收藏了很多中国艺术精品，为了展现这些艺术品，馆方特意搭建了一个名为"中国庙宇"的展厅。"庙宇"正中间，摆放着一尊辽代的木雕水月观音菩萨像，身后是一幅铺满整面墙壁的元代《炽盛光佛佛会图》壁画，上方高悬着一架雕梁画栋的明代楠木藻井，面前的雕花格扇门则来自北京的一座清代官员宅院。

　　在当时，这一展陈方式可以说是石破天惊，观众置身其中，望着眼前以慈眼视众生的观音菩萨，感受着巨幅佛会图带来的强烈的庄严感，即使对中国文化和佛教艺术毫无了解，也会情不自禁地被震撼和感染。

　　时至今日，九十多年过去了，博物馆的展陈理念已经更新了一代又一代，但"中国庙宇"展厅依旧原封不动地保留着，辽代木雕水月观音、元代《炽盛光佛佛会图》和明代楠木藻井这三件国宝级文物也就一直那样陈列着，似乎已经融为了一体。那么，它们是如何从故土流失到海外的呢？

纳尔逊－阿特金斯艺术博物馆的"中国庙宇"展厅

一个博物馆的崛起

1929 年，美国爆发了 20 世纪最严重的经济危机，导致大批商人和企业破产，也迫使藏家和古玩商不得不低价出售珍藏，抛售文物。在一片哀嚎中，堪萨斯城一个刚成立不久的博物馆基金会却在闷声发大财，以较低的价格买进了很多精品。

这个基金会，就是纳尔逊－阿特金斯艺术博物馆基金会。由基金名可知，其经费主要来自两个人——纳尔逊先生和阿特金斯女士。纳尔逊（William Rockhill Nelson，1841—1915）是美国报业大亨，他 1880 年移居堪萨斯城，并和合伙人莫尔斯（Samuel E. Morss）创办了《堪萨斯城星报》（The Kansas City Star）。一年半后，莫尔斯由于健康原因退出，纳尔逊成为该报唯一拥有人。时至今日，《堪萨斯城星报》仍然是当地最大和最有影响力的报纸，曾八次获得美国新闻界最高荣誉奖普利策奖。据说，美国前总统杜鲁门（Harry S. Truman, 1884—1972）还曾在《堪萨斯城星报》工作过一段时间。

19 世纪末，堪萨斯城仍然以农畜业为主，市容环境堪忧，所以纳尔逊一直致力于改善堪萨斯城的居住环境。1896 年，纳尔逊开始了自己的欧洲之旅。这次旅行打开了新世界的大门，他开始意识到艺术和文化对于一个城市的重要性，于是下决心在堪萨斯城建立一座艺术博物馆。

1915 年纳尔逊去世，他立下遗嘱，其财产除了供养妻女之外，要求建立基金会为当地人民收藏艺术品；卖掉他的报纸并将收益投入基金；基金不受政治影响或控制，只能投资房地产和政府债券，只能购买艺术家死后三十年的作品或复制品。1927 年，基金会以 1100 万美元的价格售出《堪萨斯城星报》。这一大笔钱，再加上纳尔逊亲属和私人律师捐赠建馆经费 220 万美元，以及占地二十英亩的住宅，基金会可以说是财力雄厚。

阿特金斯女士（Mary Mcafee Atkins, 1836—1911）的丈夫从事房地产事业，家里颇有积蓄。和纳尔逊一样，阿特金斯也因为欧洲之行对艺术产生了兴趣，1911 年她在遗嘱中要求，捐赠 30 万美元建立一个艺术博物馆。尽管这 30 万美元在 1920 年末增值到近 70 万美元，但要建一个博物馆，显然有些杯水车薪。巧合的是，管理阿特金斯基金的一位董事恰好也是纳尔逊基金会的董事，在他的极力撮合下，两个怀有相同目标的基金会最终合并在一起，为建设一座美国一流博物馆而努力。

1930 年 6 月，博物馆开始动工建设。不过这时候，基金会又开始愁另一件事情了。作为一座博物馆，最重要的无疑就是藏品。纳尔逊博物馆白手起家，收藏量几乎为零。那么该收藏些什么，才能在竞争激烈的美国博物馆圈子中脱颖而出呢？一番讨论过后，董事会做出一个大胆的决定：博物馆要具有国际化视野，要收藏来自全世界的艺术品，尤以东方艺术为重。要知道，当时美国只有五个博物馆有专门的东方部，纳尔逊博物馆的这一决策无疑是十分具有前瞻性的。

目标明确后，下一步就是找懂行的"买手"了。董事会找到了当时美国研究东亚艺术的权威、哈佛大学教授兰登·华尔纳，聘请其为艺术顾问，并委托他到中国帮忙购买文物。

1931 年 5 月，华尔纳抵达北京，开始新一轮探险。为了减轻自己的工作压力，他找到自己哈佛大学的学生劳伦斯·史克曼（Laurence C. S. Sickman, 1907—1988）作为自己的助手。如同普尔热瓦尔斯基发掘了科兹洛夫一样，史克曼因为恩师华尔纳的推荐，人生就此改变。

史克曼 1907 年出生于美国丹佛，从小就对亚洲艺术产生了兴趣。17 岁时，他给弗利尔美术馆馆长乐奇写信，请教如何才能在博物馆工作，得到的建议是到哈佛大学读书，"因为哈佛大学是美国唯一开设中国艺术课程的大学"。在哈佛大学，史克曼选修了兰登·华尔纳的课程，得到了华尔纳的赏识。也正因此，史克曼在 1930 年6 月毕业后，经华尔纳的推荐顺利拿到了哈佛燕京学社的奖学金，并前往北京学习。

1931 年华尔纳到北京的时候，史克曼已经在北京学习了将近一年时间，对中国文化与艺术的理解已经颇为深刻。华尔纳将其召入"麾下"，让他跟着自己每天出入琉璃厂的各大古董铺子，培养他的鉴别能力，这样的机会无疑是非常难得的。

而最让史克曼印象深刻的，还是他们向溥仪购买清宫书画旧藏的经历。1925 年 2 月，退位之后的溥仪在日本人的保护下，从北京悄悄逃到了天津。随他一起来到天津的，还有七八十箱从紫禁城盗运出来的书画珍宝。这些可是无价之宝，是溥仪翻身复辟的底气。只要钱不够花了，溥仪就卖出几件，补贴家用。史克曼回忆，当时他们去看画的时候，溥仪对画没有丝毫兴趣，他的注意力全都放在了新买的摩托车上面，一会儿出去骑一骑摩托车，一会儿回来看一看，没过多久又出去玩车了。最终他们顺利买到了几幅明代绘画精品，包括陈淳的《荷花图卷》。

不久之后，华尔纳离开中国，留史克曼独自为纳尔逊博物馆购买文物。至此，一个堪称完美的合作开始了，史克曼凭借自己善于学习的天赋、敏锐的眼光及旺盛的精力，为纳尔逊博物馆征集了无数东方艺术精品，而博物馆也很慷慨，要钱给钱，要信任给信任，其结果就是一座博物馆在短时间内迅速崛起，一下子成了美国最著名的收藏中国文物的博物馆之一。

智化寺藻井流失之谜

史克曼为纳尔逊博物馆征集的第一件重磅文物，是来自北京智化寺万佛阁的明代楠木藻井。

智化寺位于今天北京东城的禄米仓胡同深处，始建于明正统八年（1443），最初是明英宗一朝大太监王振给自己建的家庙，后来被明英宗赐名为"报恩智化寺"。由于智化寺是王振如日中天的时候修建的，为了凸显自己的地位，王振把寺庙建得极其奢华，很多地方甚至有不少僭越之处。

最能体现这一特点的是如来殿和智化殿顶部的两架楠木藻井。以如来殿为例，它一共两层楼，第一层供奉的是如来佛，第二层则密密麻麻供奉着九千多尊小佛像，所以这个殿也叫作"万佛阁"。万佛阁的殿顶有个造型极度绚丽的藻井，它直径有五米，由高级楠木雕成，共分三层：下层井口是正方形，中间井口是八角形，上层井口则为圆形。在藻井的圆心顶部中央，雕着一条俯首向下的团龙，中间的八角形井口分别雕着八条腾云驾雾的游龙，它们簇拥着中间巨大的团龙，呈现出九龙腾空的雄姿。三层藻井的每一层端口之间，还刻着八个体态丰腴、姿态优美、手托宝物的飞天女神。

此藻井用料奢华，结构精奇，居然还雕着"九龙腾空"形象，明显是僭越了。无怪乎著名建筑学家刘敦桢先生于1931年到智化寺考察的时候，看到万佛阁的这个藻井，忍不住评价了一句："万佛阁之藻井，云龙盘绕，结构恢奇，颇类大内规制，非梵刹所应有。"

王振本来是个失败的教书先生，后来自阉进宫，当起了宦官，结果时来运转，进入东宫服侍太子朱祁镇，很受宠幸，被称为"王伴伴"。宣德十年（1435），朱祁镇即位，是为明英宗，他很快就把王振提拔为司礼监掌印太监。在明代，司礼监掌印太监负责完成明朝国家决策中"批红"部分最后的审核盖印，所以是个极其有权势的职位。英宗把如此重要的职位交给王振，可见对他的宠爱，而这也为日后他的擅权开辟了道路。

正统十四年（1449），北方的瓦剌军队南下攻掠明朝边境，首领也先亲率蒙古骑兵攻占大同，大同告急。此时王振为了建立所谓的丰功伟绩，居然怂恿皇帝御驾亲征。明英宗那会儿才二十出头，血气方刚的，在王振的撺掇下，竟然真的带了一队大军出发，决定和瓦剌大军死磕到底。但问题是，一个好大喜功的太监加上一个啥也不懂的皇帝，怎么可能打得过瓦剌的钢铁劲旅呢？

最后的结果大家都知道了，明朝大军在土木堡（今河北省怀来县东 10 公里）大败于瓦剌骑兵，五十万大军几乎全军覆没，明英宗成了俘虏，王振本人则搭上了性命，死于乱军之中。这就是历史上著名的"土木堡之变"。

一年之后，瓦剌放回了英宗，此时已经当上皇帝的明代宗朱祁钰将哥哥尊为太上皇，软禁于南宫。景泰八年（1457）正月，代宗突然卧病不起，无法管理朝政。石亨、徐有贞等人眼见代宗快不行了，于是发动"夺门之变"，重新迎回英宗登基复位。再次当了皇帝的英宗不仅没有怪罪王振当年瞎出主意导致自己身陷囹圄，反而感念他的功绩，在智化寺内为他立了旌忠祠，"诏复王振官，刻木为振形，招魂以葬"。

有了皇帝的带头示范，智化寺有明一代香火不绝，全城的善男信女都纷纷跑到这里祈福。直到清乾隆七年（1742），监察御史沈廷芳路过禄米仓胡同，见智化寺"其后殿西庑，逆振之像，俨居高座，玉带锦衣，香火不绝，殿西檐下现有英宗谕祭之碑，褒其忠义"，气不打一处来，这王振难道不是祸国殃民的大罪人吗？凭什么受到这般礼遇！于是立马向乾隆皇帝参了一本，乾隆皇帝立马下了一道圣旨，要求销毁智化寺里和王振有关的塑像、画像和功德碑。

自那以后，智化寺便逐渐没落了。到了清末民初，寺庙的香火基本已经断了，庙里的和尚走的走，散的散，留下的几位和尚为了生存下去，也不得不动起了歪心思。当时寺庙的主持是个叫普远的和尚，这个人岁数不大，但心眼很多，最要命的是他还是个花和尚，吃喝嫖赌每样都沾。为了凑嫖资赌资，普远不惜变卖起了寺产。

他找了一个叫何凤田的卖小吃的伙计，让他住进庙里伺候自己，同时让他利用每天走街串巷卖小吃的机会，打听市面上潜在的买家。一番折腾后，普远认识了一位叫"纪三爷"的古董商，两人称兄道弟，经常到东单下馆子，有时候回来晚了，纪三爷就用自己"包月"的洋车拉普远回寺里休息。

一天夜里，普远与纪三爷要在寺里用餐，何凤田给他们做了几道菜，就回房间休息了。半夜两三点钟，何凤田起夜解手，恍惚间看见万佛阁隐隐闪烁着微弱的灯光，他往大殿走去，正准备爬楼梯上二层楼，只听见楼上一阵阵响动，原来是一群人在普远和纪三爷的带领下，强拆殿顶上的藻井！

何凤田立马明白了怎么回事儿，本着多一事不如少一事的原则，他默默地回到自己的房间，继续睡觉去了。

不过，虽然不敢多问，但这件事始终成了何凤田心里一道迈不过去的坎，多么气派的藻井啊，就这样被拆下来了。它最终会被如何处理，又会被卖到哪里呢？

一个月后，何凤田在街上叫卖吃喝的时候，偶遇了纪三爷，纪三爷很热情地邀请他进院子喝口水休息一下。在院子里，何凤田瞥见院墙一角堆满了"木头"，仔细一看，才发现这些"木头"正是被卸成了几块的智化寺藻井。果然，藻井已经被卖给了纪三爷。

那么，藻井后来又是怎么被卖到美国去的呢？原来这位纪三爷只是个中间商，他在琉璃厂专做外国人的生意。有一次，还在为博物馆的筹备而四处奔波收购文物的史克曼参观了智化寺后，立马被万佛阁上"斗八藻井"的气势给折服了，便有了将其收入囊中的心思。

不过一个外国人想要购买寺庙里的东西，也不是件易事。他找到了纪三爷作为中间人，帮忙从中斡旋。而纪三爷恰巧与智化寺的住持普远相熟，一来二去，藻井落入了史克曼的手中，最终漂洋过海来到了美国。

《炽盛光佛佛会图》流失之谜

1934 年 7 月，史克曼风尘仆仆地赶到山西晋南，他此行的目的是搞清楚一件文物的来历。

两年前，卢芹斋向纳尔逊博物馆极力兜售一幅中国佛教壁画。这幅壁画尺寸极大，高 7.13 米，宽 14.83 米，整体面积达到了 100 多平方米。但一开始，卢芹斋对于壁画的题材和年代，一直含糊其辞，只是笼统地说可能来自中国山西或者河南的某处寺庙。面对来历不明的文物，博物馆理事会不是很有兴趣，但架不住卢芹斋的再三推销，他为此甚至还专门飞了一趟堪萨斯城。最终，博物馆买下了这幅壁画。

壁画究竟来自何处呢？这始终困扰着史克曼。几经周折，凭借着自己在琉璃厂古董商中积累的人脉，史克曼打听到壁画很有可能来自于山西赵城县的广胜寺。于是，史克曼打算亲自前往，一探究竟。

7月，山西的太阳很是毒辣，史克曼从赵城县出发，往东北方向又行了大约20公里，终于在霍山脚下见到了广胜寺。广胜寺共有两寺一庙，上寺在霍山山巅，下寺在山脚，另有一水神庙与下寺西侧毗邻。上下两寺之间相距里许，爬山的话约10分钟即可到达。整个寺庙区域依山傍水，古柏遍野，泉水萦绕，环境极佳。

在广胜寺下寺，史克曼发现了一方《重修广胜下寺佛庙序》碑，碑文记载：

> 邑东南广胜寺，名胜地也，山下佛庙建筑，日久倾塌不堪，远近游者不免触目伤心。
>
> 邑人频欲修葺，恒以巨资莫筹而止。去岁，有远客至，言佛殿绘壁，博古者雅好之，价可值千余金。僧人贞达即邀请士绅，估价出售。众议以为修庙无资、多年之憾，舍此不图，势必墙倾像毁，同归一尽，因与顾客再三商榷，售得银洋一千六百元，不足以慕金补助之。
>
> ……
>
> 署理赵城县县长晋城张梦曾督修
> 邑绅卫竹友撰文，许儁书丹，贾绍康篆额
> 中华民国十八年岁次己巳五月吉立

至此，史克曼终于搞明白，卢芹斋卖给纳尔逊博物馆的这幅壁画，正是来自广胜寺下寺后大殿（大雄宝殿）。另外，从碑文的记载我们也可以知道，这倒卖壁画的整件事情的原委，似乎是一件无可奈何但又不得不做的事……

话说这广胜寺的历史颇为久远，最早可以追溯到东汉至南北朝

时期，是佛教传入中国初期创建的几座佛寺之一，初名俱卢舍寺，并建有阿育王舍利塔一座。北周保定年间（561—565），高僧正觉见舍利塔颓败不堪，打算重修，后来因为北周武帝的"灭佛运动"而耽搁了。唐大历四年（769），李光瓒、郭子仪等人见寺宇残破，古塔已成土基，于是奏请重建，广胜寺重新繁荣了起来。到了宋代，广胜寺香火不减当初，当时来此地游览的文人墨客留下了不少诗词碑文。金宣宗贞祐二年（1214），河北、山东和山西等地爆发了"贞祐之乱"，这些地方在蒙古铁骑的屠杀与掠夺下，遭到了空前惨烈的劫难，"河东、河朔名山大川神祠，无不灰烬，瓦砾一空"，广胜寺也不能幸免，几乎被毁坏殆尽。元代初年，广胜寺很快就得到了恢复，广胜寺和尚祖美住持、净公长老印造了《金版大藏经》，在佛教徒资助下，前往燕京弘法寺自印《金版大藏经》682 帙 1379 部 6943 卷，供养在上寺弥陀殿。

这是广胜寺金末被毁后又重新兴建起来的盛况，但是，这种盛况犹如昙花一现，元大德七年（1303），一场特大地震席卷山西境内，赵城、洪洞处于地震中心地带，广胜寺好不容易修复的建筑再次被摧毁殆尽。地震后两年，寺僧们又开始重建寺庙，如今保存下来的建筑、塑像及壁画，几乎都是这一时期留下来的。

明清时期，广胜寺上下两寺经历过多次维修，但整体建筑格局基本维持不变，在历史的风云飘摇中，广胜寺经历了天灾和人祸，跌跌撞撞地走到了 20 世纪 20 年代，迎来了又一次"劫难"。

说起来，那个年代也是最让人感到无力的时代，军阀混战，政权更迭，人民生活极为痛苦，广胜寺的僧人们也饱受其害，无心念佛，纷纷逃离寺庙，导致广胜寺年久失修，荒草遍地，无人维护，随时有倾圮的风险。当时的寺庙住持贞达看着也是无能为力，该怎么办呢？

他想到了一个法子，前段时间不是有几位"客人"千里迢迢而来，就为了看一眼下寺后大殿里的壁画吗？从他们的言行举止中，看得出来对这些壁画十分喜爱，那为何不把壁画卖给他们，筹得资金来维修寺庙呢？所谓皮之不存，毛将焉附，假如到时候寺庙"墙倾像毁"，这些壁画不也就成了一堆烂泥？

于是，贞达主动联系了这几位"客人"，向他们表示了想贩卖广胜寺下寺的壁画，以获得修缮资金的意愿。经过一番讨价还价后，最终"客人"以银洋 1600 元的价格，获得了四铺壁画，包括两铺后殿东西两壁的元代壁画和两铺前殿东西两壁的明代壁画。

这位神秘的"客人"，就是卢芹斋。后来，后殿西壁的这幅壁画被卢芹斋卖给了纳尔逊博物馆。东壁的壁画几经周折，被大收藏家赛克勒医生收购。1964 年，赛克勒以他母亲的名义将壁画捐献给了大都会艺术博物馆。博物馆将壁画修复后，永久陈列于以赛克勒命名的展厅中。剩下的两幅前殿的明代壁画则被卖给了费城的宾夕法尼亚大学艺术博物馆，成了它们的永久馆藏。

很长时间以来，两幅元代壁画究竟是什么题材一直众说纷纭，有的人将其释读为《释迦说法图》和《阿弥陀佛说法图》。直到 20 世纪 60 年代，大都会艺术博物馆的研究员利珀（Aschwin Lippe）终于准确释读出两铺壁画的题材：纳尔逊博物馆所藏的是《炽盛光佛佛会图》，大都会艺术博物馆所藏的是《药师佛佛会图》。

炽盛光佛又名炽盛光如来，他是释迦牟尼的教令轮身，其发肤毛孔放出炽盛光焰，因此得名。炽盛光佛作为密教信仰，兴起于唐代，随着不空、一行等人对密法的弘扬及译经活动的展开而不断兴盛，至宋元时期达到顶峰，并一直延续到了明代。据《佛说大威德消灾陀罗尼经》记载，当天象发生异变时，可以炽盛光佛为本尊，设立曼荼罗坛场，持通炽盛光密咒以修法，藉此可消灾纳福。由此可知，信仰炽盛光佛的主要目的是减少日月星辰带来的厄运，消灾避难。反映到艺术形象上，炽盛光佛四周往往会有列曜、黄道十二宫、二十八星宿等天象的图像。

敦煌藏经洞出土的《炽盛光佛并五星图》是现存有明确纪年的最早的炽盛光佛图，现藏于大英博物馆。画面左上方有题记："乾宁四年（897）正月八日炽盛光佛并五星，弟子张淮兴画表庆光。"

画面中，正中的炽盛光佛发出巨大光芒，乘坐二轮牛车，向左驶去。牛车四周，五曜依次环绕，五点钟方向为一头戴马冠的四臂力士形象，四手各执剑、戟、弓、箭，这是火星（荧惑星）。接着我们按顺时针来看，下一位是金星（太白星），为一头戴鸡冠的女性形象，身着白练衣，手抚琵琶；第三位是土星（镇星），作婆罗门形象，头戴牛冠，手执锡杖；第四位是木星（岁星），作文官形象，头戴猪冠，手捧花果；最后一位是水星（辰星），作女子形象，头戴猿冠，手执纸笔。

《炽盛光佛并五星图》中炽盛光佛与五曜一同出现，应该是炽盛光佛图的早期表现形式。五代以后，炽盛光佛周围多环绕九曜。到北宋时期，九曜则发展成十一曜，增加了紫炁、月孛星君。

广胜寺《炽盛光佛佛会图》描绘的就是炽盛光佛与十一曜的场景。画面中心绘佛三尊，主尊炽盛光佛右手作说法印，左手持金轮，内有八根轮辐，象征着八正道，这是炽盛光佛的重要标识。两侧分

《炽盛光佛并五星图》，大英博物馆藏

别为日光照遍菩萨和月光照遍菩萨，佛像和菩萨像主要以曹衣描和柳叶描为主，线条均匀流畅，更给人沉稳和庄严的感觉。佛三尊周围绘有八位胁侍菩萨，前排四位手持供品，后排四位手持幡。胁侍菩萨外侧又绘十一曜，左侧为日神、罗睺、计都、紫炁、月孛，右侧为月神、金星、木星、水星、火星、土星。可以看到，十一曜的形象均有所区别，如日神与月神的头冠中有日月形装饰物，计都、罗睺则与蛇相伴，月孛披发执剑，紫炁则为手执笏板的文官形象。

《炽盛光佛佛会图》，纳尔逊－阿特金斯博物馆藏

那么，广胜寺下寺后大殿为何要描绘炽盛光佛以及药师佛的形象呢？这还是和当时的社会现状有关。前文已述，广胜寺下寺是在元大德七年（1303）的一次大地震后重建的。或许当时的人们被地震一类的天灾搞怕了，所以重建寺庙后，信众们特意绘上了炽盛光佛，希望它能够起到消灾避难的作用。同时也请来了药师佛，只因药师佛被尊为"万药之王"，拥有疗病救苦的神奇功效，这样不仅能够抵御来自天界的灾难，还能保佑善男信女免遭疾病的伤害了。

水月观音流失之谜

　　与前两件流失海外的国宝相比，这尊辽代木雕水月观音的流转过程，是最扑朔迷离的。

　　一种说法是，史克曼率先于1932年冬天在北京一古董商杂乱的后院里发现这尊水月观音。他拍了照片寄给导师华尔纳，问他购买建议。但华尔纳觉得要价过高，不建议购买。结果1933年底，史克曼回美国参加纳尔逊博物馆的开幕典礼时，发现这尊水月观音居然矗立在博物馆的"中国庙宇"展厅内！原来，这尊水月观音后来被卢芹斋给买去，然后借展并卖给了纳尔逊博物馆。

　　另一种更为流行的说法是，华尔纳首先在古董商那里发现了这尊水月观音，但他认为其年代顶多为明代，而当时唐宋以前的佛造像才有价值，所以华尔纳放弃了购买。后来观音被卢芹斋买下，经过专家的详细鉴定，确定其年代为辽代，价值瞬间不可同日而语。纳尔逊博物馆得知后十分无奈，不得不付出高于最初几倍的价格从卢芹斋手里买下。

　　这两种说法莫衷一是，但可以肯定的是，水月观音最终经过卢芹斋的手入藏纳尔逊博物馆，成了纳尔逊博物馆"中国庙宇"展厅的"网红"文物。每年有许多中国人特意到访美国中部的这座小城，就是为了见她一面。

　　她到底有什么魔力呢？

　　观音本是印度佛教的舶来品，她被认为法力无边、大慈大悲，救人于一切苦难，在中国拥有非常广泛的信徒，有"家家观世音，户户阿弥陀"的说法。观音信仰传入中国后，与中国传统文化相结合，观音造像的样式也不断增多，逐步发展成为三十三观音。

水月观音就是三十三观音造像艺术样式之一。和其他观音形象不同，她完全是佛教中国化的产物，整体造像在意境上具有高度写意性，通常表现为以手抚膝、半跏趺坐思惟相，或手持杨柳枝和净瓶，姿态自在惬意，身后有一轮明月为背景，四周通常描绘泉流池沼、山峦丛林，宛若一幅山水画。

通常，唐代画家周昉被认为是创造水月观音样式的第一人，"妙创水月之体"。张彦远《历代名画记》记载："塔东南院，周昉画水月观自在菩萨掩障，菩萨圆光及竹，并是刘整成色。"可见圆光、竹这些正是水月观音形象的基本元素。

从现存实物来看，雕塑类水月观音中有明确纪年的最早图像是四川绵阳圣水寺第7号龛《水月观音像》。龛旁有"敬造水月观音

《水月观音像》，纳尔逊－阿特金斯博物馆藏

菩萨一身……中和五年（885）"题记一则，这是目前与周昉所创图像年代最为相近的一龛石刻造像。该龛菩萨头戴高花冠，冠两侧缯带向外，头略低似作俯视状，胸饰璎珞，左腿曲膝，右腿下垂，双手抱左膝坐于岩座上。背后有巨大的圆形身光，圆光中右边浅雕竹枝，左边浅雕山石。这与张彦远"菩萨圆光及竹"的记载比较吻合。

绘画类水月观音中有明确纪年的最早图像，是后晋天福八年（943）的绢本画《千手千眼观音菩萨图》（见第110页）右下部的水月观音，出自敦煌藏经洞，现藏法国吉美博物馆。该水月观音呈半跏趺坐的姿势，右腿横置搭在左腿上，左腿下垂踏莲，身后有大圆形身光与竹林。与圣水寺第7号龛不同的是，水月观音的双手并没有抱膝，而是左手持净瓶、右手持杨柳枝。

四川绵阳圣水寺第7号龛
《水月观音像》

五代、北宋之后，一腿下垂、一腿屈起的新的水月观音形制流行了开来。纳尔逊博物馆收藏的这尊辽代水月观音即为类似形制。这尊水月观音通高 2.4 米，除了菩萨的右前臂，整座塑像包括底座，都用一整块木料雕刻而成。水月观音右腿曲蹲，左腿自然垂落，右手撑着右膝，手指微抬微翘，同时左手支撑于岩石之上，浑身透露出一股无拘无束、自在悠乐的气息。她身上饰有复杂的高冠和项链，面露微笑，眉眼低斜，仿佛即将要从沉思中醒来。制造此尊观音的工匠，似乎用了毕生的技艺和精力，将观音的神性与世俗之美雕刻得淋漓尽致，观众只需和观音对上一眼，就会彻底沦陷。

　　辽代木雕水月观音、元代《炽盛光佛佛会图》和明代楠木藻井，被称为纳尔逊博物馆"中国庙宇"三绝。这三件珍宝虽然来自不同的地点，但组合在一起仿佛浑然天成，令人叹为观止。国宝流失海外令人痛心疾首，但看到它们被如此精心布置，向世界各地不同国家的观众展示着中国独特的传统文化，也算是些许安慰吧。

参考文献

[1] 瞿炼，朱俊.堪萨斯的"中国庙宇"——史克门与纳尔逊－阿特金斯博物馆的中国文物 [J].紫禁城，2014（1）.

[2] 胡阳.纳尔逊－艾金斯艺术博物馆藏辽代《水月观音像》及元代《炽盛光佛佛会图》考 [J].中国美术研究，2017（3）.

[3] 许惠利.智化寺藻井之谜 [J].古建园林技术，1991（2）.

[4] 叶子.智化寺藻井流失美国始末 [J].北京档案，2000.

[5] 刘一达.典故北京 [M].北京：十月文艺出版社，2020.

[6] 柴泽俊，任敏毅.洪洞广胜寺 [M].北京：文物出版社，2006.

[7] 吴舒静.洪洞县广胜寺历史考 [J].戏剧之家，2016（11）.

[8] 安瑞军.流落异国的瑰宝：山西洪洞广胜寺《药师经变》壁画 [J].文物鉴定与鉴赏，2013（1）.

[9] 赵芷仪.论广胜下寺的元代壁画《药师经变》的流失 [J].兰台世界，2013（2）.

[10] 杨晓能.美国收藏中国文物和古代书画重镇：纳尔逊－阿特金斯艺术博物馆 [J].美术观察，2022（10）.

[11] 江佳铭.大足、安岳地区水月观音造像研究 [D/OL].重庆：四川美术学院，2020.

克孜尔石窟

1898 年，俄国探险家克莱门茨（D. A. Klementz, 1847—1914）和其作为植物学家的妻子在中国新疆、蒙古地区进行了为期 6 个月的实地调查。这是俄国科学院首次组织以考古学为目的的新疆遗迹调查。在半年时间里，克莱门茨广泛调查了吐鲁番地区的古遗址，发现了一系列佛教石窟寺，拍摄了大量照片，并带回了大量壁画残片和大批古代手稿。

首次调查就取得如此重大成果，俄国科学院打算乘胜追击，以确立自己在新疆地区的"绝对权威"，于是向俄国财政部提出了再赴吐鲁番考察的申请。但很不巧，当时整个东亚局势正在进行一次大洗牌。1894 年中日甲午战争爆发，日本进一步控制了中国东北地区，而俄国一向视东北地区为自己的地盘，卧榻之下，岂容他人酣睡，俄日双方为了争夺东北地区的利益，陆续爆发了一系列冲突，俄国政府则逐渐将掠夺重点从新疆地区转移到了东北地区，同时加大了军事和地理考察的投入，而无法兼顾其他学术考察活动了。

在拿不到政府预算的情况下，俄国科学院退而求其次，打算和德国人"搭伙"，通过直接或间接参与德国人的探险活动来实现他们的学术目标。

1899 年，第 12 届东方学国际大会（International Congress of Orientalists）在罗马召开，俄国学者拉德罗夫（Radlov）等人在参会途中，特意取道柏林，拜访了佛教美术权威、柏林人类学博物馆印度部主任格伦威德尔（Albert Grünwedel，1856—1935），打算和他商谈合作之事。为表诚意，拉德罗夫特意带了十几幅新疆壁画残片的摹本给格伦威德尔过目。

　　格伦威德尔看完之后，大为震撼，他惊讶于在新疆不为人知的角落居然保存了这么多完好的佛教壁画，遂产生了前往新疆考察的念头。自那以后，以格伦威德尔为首的德国中亚探险队后来者居上，先后四次深入吐鲁番、库车等地，给这些地区的佛教石窟寺带来了毁灭般的灾难。

弯道超车的德国人

　　1856 年，格伦威德尔出生于德国的小城米海，受父亲影响，他 19 岁时进入米海的美术学校学习，但很快就发现自己的兴趣在于东方学，于是第二年果断转到米海大学专攻东方学。1881 年，格伦威德尔大学毕业后来到柏林，先是在柏林民俗学博物馆当助理馆员，两年后又担任柏林人类学博物馆印度部管理员。正是在柏林人类学博物馆，格伦威德尔第一次深入接触了佛教艺术。

　　19 世纪 50 年代以后，随着英国人在印度西北部（今巴基斯坦西北部）考古发掘工作的进行，大量犍陀罗佛教艺术雕塑开始大规模流入欧洲，柏林人类学博物馆作为德国顶级博物馆，也收藏了大量犍陀罗艺术珍品。作为工作人员，格伦威德尔近水楼台先得月，对这批犍陀罗艺术品以及馆藏的其他文物进行了深入研究，历经十年时间，于 1893 年完成了《印度佛教美术》一书，立刻引起了学术界的强烈关注。凭借着这本书，格伦威德尔也跻身当时佛教艺术研究最顶尖学者行列。

在研究过程中，格伦威德尔就敏锐地注意到犍陀罗艺术对中国、日本佛教造像的影响。他还推测，以犍陀罗艺术为主的印度佛教艺术在向东亚传播的过程中，必定经过一个媒介地区，这个地区极有可能就是中亚。所以，在 19 世纪的最后十年，格伦威德尔就将目光集中到了中亚地区。但由于没有亲身前往考察，这一论证始终处于"纸上谈兵"的环节。

不过，所谓"想瞌睡就送来个枕头"，1899 年，俄国学者拉德罗夫等人送来的新疆壁画摹本打开了格伦威德尔新世界的大门。在双方的会谈纪要里，格伦威德尔记录了当时激动的心情：

> 这些摹本真是好极了！因为它们显示了古代印度、古代伊朗和中国佛教等各种类型的壁画特点……因此，我们无疑是遇到了古代印度佛教绘画在中亚的孪生流派——一切都表明这一流派的存在。
>
> ……
>
> 同时应该强调：任何耽搁都会加速这批无价的中亚史料的永久丢失。

俄国人打算和格伦威德尔合作，一起分享新疆考古发掘的果实。但格伦威德尔却打着自己的小算盘：他打算撇开俄国人，组建一支只属于德国的考察队。

格伦威德尔立即行动了起来，他向普鲁士科学院提议了这一项计划，但热脸贴冷屁股，科学院这帮人对此提议的反应非常冷淡，表示可以给予精神上的鼓励，但经费嘛，一分钱没有。无奈之下，格伦威德尔只得动用自己的社会关系。经过多方奔走，他最终为考察队募集了 36000 马克的资金，其中 25% 是柏林人类学博物馆的公共基金，剩下的则由一些德国资本家捐赠。值得一说的是，德国军火大王弗里德里希·克虏伯（即生产克虏伯大炮的企业）赞助了大部分资金。

经费问题解决以后，格伦威德尔又面临另一个棘手的问题。当时，外国人进入中国需要获得清政府的许可，但格伦威德尔一直拿不到通行证。这时候，被格伦威德尔放了"鸽子"的俄国人不计前嫌，慷慨解囊。1851 年《中俄伊犁塔尔巴哈台通商章程》签订后，俄国先后在新疆伊犁、塔城、喀什、乌鲁木齐、吐鲁番及阿勒泰设立了六处领事馆，所以俄国在新疆地区有着很大势力。俄国外交部了解了格伦威德尔的诉求后，立刻向清政府施压，很快格伦威德尔便拿到了清政府同意入境的信函。

1902 年 8 月 11 日晚，格伦威德尔率领考察队离开柏林，向中亚进发。考察队由三人组成，除了格伦威德尔之外，还有德国东方学家缪勒的助手乔治·胡特（Georg Huth，1867—1906）和技术员巴图斯（Theodor Bartus，1858—1941）。由于此行的目的地是吐鲁番，所以考察队也被称为"皇家普鲁士吐鲁番考察队"，尽管德皇和德国政府并没有资助此次行动。

1902 年 11 月下旬，考察队到达吐鲁番，在之后将近 4 个月的时间里，他们来回辗转于吐鲁番盆地的高昌、柏孜克里克、胜金口等地，并主要发掘了高昌故城。"高昌"在维吾尔语中即"王城"的意思，它曾是高昌王国的都城，也是古代西域留存至今最大的故城遗址。格伦威德尔在这里收获颇丰，不仅收集到了梵文、回鹘文、突厥文、藏文等多种文字写本，还发现了大量摩尼教、景教的文物。

1903 年 4 月，格伦威德尔的第一次新疆考察结束，他们将盗掘的文物装了 46 大箱（每箱约 37.5 公斤），满载而归。

格伦威德尔所获吐鲁番文物运抵柏林后，在社会上引起了极大反响，群众们期待看到更多新疆文物，纷纷要求进行下一轮考察。格伦威德尔趁热打铁，立即开始着手准备。这次，德国政府也变了一副嘴脸，国会连答辩都未进行，就通过了教育和文化部提请的探险队考察经费预算，德皇威廉二世甚至还从自己的基金中拨出专款，来支持探险队的考察。当然了，资助了考察队第一次活动的商界大佬们，这次也是纷纷加大了投资。这时的格伦威德尔可以说是弹药充足，迫不及待地要大干一场了。

然而，就在这关键时刻，格伦威德尔却生病了。医生告诉他，如果还想要保住这条命，那就乖乖地在病床上待着。无奈之下，格伦威德尔只得先物色一位靠谱的人担任代理队长，等到他身体康复后，再加入考察队进行接下来的活动。

经过筛选，阿尔伯特·冯·勒柯克（Albert von Le Coq，1860—1930）成功获得了这个机会。勒柯克出生于柏林一个富裕的匈牙利商人家庭，一开始学习的是商科，并继承了祖父创办的勒柯克酒类贸易公司。1900 年，勒柯克卖掉了公司，决定弃商从文，追求自己的学术梦想。他先是进入柏林人类学博物馆，同时参加了阿拉伯语、突厥语和波斯语等东方语言课程的学习。1901 年，他跟随人类学家卢尚（Felix von Luschan，1854—1924）前往土耳其的萨姆遗址（Zenjirli）实地考察，并收集了库尔德文的样本。1902 年秋天，勒柯克转入博物馆印度分部，成为格伦威德尔的同事，由于他个人强烈的事业心和刻苦勤奋的努力，勒柯克很快在东方学研究领域崭露头角，并得到了格伦威德尔的赏识。

1904 年 9 月，考察队从柏林出发，开始了第二次考察。这次的成员除了勒柯克之外，仅有巴塔斯一人，两人将考察重点放在了吐鲁番和哈密地区。11 月，考察队来到了柏孜克里克石窟。柏孜克里克在维吾尔语中意为"华丽装饰之所"，它位于吐鲁番城东北45 公里的火焰山木头沟中，最早开凿于公元 5、6 世纪。现存洞窟83 个，其中至少有一半的洞窟保存了大量的佛教壁画和雕塑，是西域佛教传世的极为珍贵的实物资料。

勒柯克很快就意识到了这批壁画的价值，于是决定不惜一切代价把它们切割下来并带走。勒柯克和巴塔斯用刀、锤、凿等方式将柏孜克里克石窟中最大的第 20 窟的壁画全部切割了下来，一共 15幅，最大的一幅壁画高达 3.5 米。最终，这些壁画被成功运回了柏林。

在日记中，勒柯克洋洋得意地描述了自己成功带走壁画后的感受：

> 经过 20 个月时间的运输，最后安全地把它们全部运到柏林。在那里，它们整整填满了博物馆的一个房间……这是一个佛堂中的全部壁画，能把一个佛堂的全部壁画运到柏林的还为数不多……

然而，这一番粗暴的掠夺后，留给柏孜克里克石窟的是满窟疮痍。中国考古学家黄文弼先生在《吐鲁番考古记》一书中曾心痛地写道："第七、九、十一、十八各洞，皆有残毁痕迹，显系被人有意铲除者，后查德人勒柯克所刊布《高昌》，称在第四、第九两洞壁画铲取其多，而第九洞几乎全部铲取。一幅完整壁画，既经破坏，则他人若欲研究壁画在洞中之整个情形，以及洞中各部分之关系，已不可能，又被用暴力铲取，残存部分，因之遭受损伤者亦多。"这一段控诉，可以说适用于所有流失海外的中国文物。一旦它们被掠夺至国外，失去了其原生环境的参考与对照，研究价值就大打折扣了。

洗劫克孜尔

勒柯克的第二次考察，共获得了文物 103 箱，每箱约 100 至 160 公斤，其数量已经大大超越了格伦威德尔的第一次考察。即便如此，勒柯克仍不满意，在途经哈密时，他从一个土库曼商人口中了解到了敦煌发现藏经洞的事情，于是决定去敦煌碰碰运气。但就在前往敦煌的途中，勒柯克收到了格伦威德尔从柏林发来的电报，格伦威德尔告诉他自己已经痊愈，并已启程赴疆，要勒柯克于 10 月初在喀什汇合。勒柯克不得不放弃前往敦煌的计划，转而前往喀什。

然而，格伦威德尔这次新疆之行颇为坎坷。一开始，他们借道俄国前往新疆，却因为过境文件不符合规定而延误了行程。后来在探险家格鲁杰的帮助下，拿到新文件后才顺利过境。在穿越俄国的过程中，格伦威德尔一行的行李又意外丢失，又耽误了不少时间。

一番波折后，格伦威德尔于 1905 年 12 月 6 日才抵达喀什，此时勒柯克已经在喀什的英国领事馆苦等近两个月了。后来，勒柯克得知斯坦因在敦煌发现了藏经洞宝藏的消息，懊悔不已，要不是当初格伦威德尔的那封电报，说不定这个名垂千古的机会就是自己的了！也正是从这时候起，勒柯克和格伦威德尔两人开始有了嫌隙。

第三次考察活动由四人组成，除了勒柯克、巴图斯和格伦威德尔之外，还有一位会讲汉语的助手波尔特（H.Pohrt）。结果准备出发的时候，格伦威德尔的老毛病又犯了，考察队不得不在喀什滞留了下来，直到 1906 年 1 月初才出发。

1 月 8 日，考察队来到巴拉尔巴什附近的吐木舒克遗址进行发掘。发掘期间，考察队雇佣的一名当地人说，在库车附近的克孜尔也有一石窟群，但因为地方偏僻，连当地居民都很少有人知道。

尽管如此，但早已有外国探险家捷足先登。最早发现克孜尔石窟的是俄国人。在如今的克孜尔石窟后山区第 213 窟西壁上，研究者发现了几行用铅笔题写的俄文，时间是 1879 年 1 月 15 日。由此可见，最晚在 1879 年，俄国探险家已经知道了这里。接着，在 20 世纪初，俄国探险家别列佐夫斯基和奥登堡曾先后抵达库车，考察了克孜尔石窟，并盗割了一部分壁画。

紧接而来的是日本人。1903 年初，日本大谷光瑞考察队的渡边哲信和堀贤雄曾在克孜尔石窟考察，他们拍摄了许多洞窟外景，并考察记录了约 60 个洞窟。不巧的是第八天当地发生了地震，导致崖壁崩塌。考察队为了安全起见，第二天就匆匆离去了。

通过当地人的描述，格伦威德尔判断尽管克孜尔石窟已经被其他外国人到访过，但很可能破坏程度不深，于是他决定将克孜尔石窟作为重点考察区域。

克孜尔石窟位于如今新疆阿克苏地区拜城县克孜尔乡，这里曾经是龟兹古国的中心区域。龟兹古国被誉为"中国佛教文化的摇篮"，是佛教文化传入中国的首站。公元2世纪初，印度西北部的贵霜王朝在国王迦腻色迦的倡导下，大力推广佛教，使佛教逐渐东传至龟兹国。公元3世纪，佛教成了龟兹文化的主流，在国王的支持下，龟兹国大建寺院、广开石窟，著名的龟兹石窟群就是在这一时期诞生的。到公元4世纪，龟兹已经成了西域佛教文化的中心。据史书记载，当时龟兹总人口为16万人，僧侣人数就多达1万人，佛塔佛寺有千余所。西域诸国的达官贵人、王族妇女乃至平民百姓都远道至龟兹受戒学法。

唐代，龟兹的佛教文化都还很兴盛。玄奘西行求法取经，还途经过龟兹，《大唐西域记》记载，当时龟兹城内有伽蓝百余所，僧徒5000余人。一直到公元11世纪以后，随着喀喇汗王国的强盛，伊斯兰教逐渐向龟兹地区渗透，大约到公元14世纪，龟兹成为喀喇汗王国的一部分，伊斯兰教成为主流，而佛教则逐渐消亡了。

目前，保留在古代龟兹国境内的石窟统称为龟兹石窟群，包括克孜尔石窟、库木吐喇石窟、克孜尔尕哈石窟、森木塞姆石窟等。其中，克孜尔石窟是龟兹地区开凿时间最早、规模最大、延续时间最长的石窟群，是当之无愧的艺术瑰宝。

1906年1月底，格伦威德尔考察队来到库车县城，他们先是去了库木吐喇石窟、森木塞姆石窟，最后来到了克孜尔石窟。

正是在克孜尔石窟，之前因格伦威德尔延误行程在勒柯克心中积攒的怨气，因为双方对待壁画的不同处理方式而使矛盾进一步加剧了。格伦威德尔主张以考古学方法对遗址进行科学发掘，所以一到克孜尔石窟，他就将所有的精力放到壁画的临摹、记录和内容考订上。他曾在给友人的信件中透露当时的心情：

> 多年来我一直在寻找佛教艺术发展的可靠依据，首先是寻找古代罗马帝国等地的美术传到远东的路线。在这里看到的一切真使我大喜过望。但愿我有更多的手能将这些壁画全部都临摹下来，在克孜尔地区有大约 300 个洞窟，全有壁画，而且有的年代极早、极精美。

不同于格伦威德尔的"精耕细作"，勒柯克对壁画的态度则简单粗暴得多，那就是尽一切可能地切割壁画，并将其带回德国。他表示："这里的壁画是我们在中亚任何地方所能够找到最为精美的艺术品，它包括传统佛教绘画的各种形态和场景，而且又几乎具有纯粹的古希腊特征。"面对这些艺术精品，勒柯克拉着巴图斯一起，肆无忌惮地用工具剥离着。而这自然引起了格伦威德尔的不满，他坚决不同意暴力剥离这些壁画："我的目的是以科学的态度来对待每一个遗址，并把遗址作为一个整体来进行研究。因此要把所有新发现的文物进行素描和绘制轮廓图。否则，把壁画搬走除了意味着猎奇与盗窃之外，不会有别的什么意义。"

后来，勒柯克打算把一个佛教石窟正穹顶壁画全部切割下来带走，格伦威德尔强烈反对，以至于到了两人几乎要翻脸的地步，最后，勒柯克不得不妥协，只切割了两块样品带回柏林。

不过，我们也不要因此觉得格伦威德尔有多高尚。从本质上来说，他和勒柯克乃至于斯坦因、伯希和等人一样，都是在无视我国主权的基础上攫取中国文化艺术珍宝。虽然格伦威德尔强调科学考古发掘，但这只是为了对文物进行更全面的研究，其最终目的也是为本国博物馆搜集藏品，不过是五十步笑百步罢了。在第一次考察期间，他就曾切割高昌遗址的魔鬼像、东壁阿弥陀佛极乐世界部分，虽然最终带走的文物只有46箱，远远少于第二次和第三次考察带走的文物，但毕竟这46箱文物是经由他手流出中国的，所以从本质上来说，他的行为与勒柯克并无二致。

德国考察队的第三次活动于1907年6月结束。自那以后，考察队停滞了六年之久，直到1913年才重启。这一阶段，伊犁、和田、哈密和吐鲁番等地区分别爆发了反抗帝俄及清政府统治的农民起义，新疆地区的局势愈发混乱。对此，德国外交部表示，只有在探险队成员同意自己承担安全责任的情况下，才准许他们出境。最终，只有勒柯克和巴图斯愿意承担全部风险。

1913年1月，两人再次从柏林出发，经俄国来到新疆，他们的考察重点仍然是库车地区的龟兹石窟群。这一次，没有了格伦威德尔的"从中作梗"，勒柯克终于可以放手大干一场。勒柯克和巴图斯这对合作多年的伙伴，在克孜尔石窟疯狂割取壁画，其数量远超第三次考察。后来，由于第一次世界大战即将爆发，欧洲局势动荡，勒柯克不得不在1914年2月底就撤离了新疆。尽管如此，这次考察获得的文物还是创了历次之最，共有156箱文物，每箱重七八十公斤。最后，这些文物通过西伯利亚大铁路，顺利在第一次世界大战爆发前夕运送回了柏林。

战火摧毁壁画

德国探险队四次新疆探险考察，共盗取文物 433 箱，重量约 3.5 万公斤，其中壁画有 630 余幅，另外还包括绘画、雕塑及大量古代文书写本，包括 17 种语言、24 种不同文字。用勒柯克自己的话来说："这四次考察所取得的成果，决不亚于俄国、法国、英国和日本考察家们的收获。"后来，这些文物全部藏入柏林人类学博物馆，使其一下子跻身世界一流博物馆之列。

面对数量如此庞大的文物，柏林人类学博物馆原来的馆址显得有些捉襟见肘，于是德国政府打算在柏林西郊建立新馆，专门用来陈列这些艺术珍品。但后来因为第一次世界大战的爆发，建设新馆的计划不得不搁置。

战争结束后，德国不得不承担巨额的赔款和土地割让，整个社会由此进入了经济大萧条。为了自救，当时已经是柏林人类学博物馆馆长的勒柯克奉命挑选出一批壁画公开拍卖。后来，这批壁画大都流入美国，如今我们在纽约大都会艺术博物馆、华盛顿弗利尔美术馆、堪萨斯城的纳尔逊－阿特金斯艺术博物馆等博物馆都能看到新疆库车地区的石窟壁画，它们就是在这时候流散出去的。

后来，随着德国度过萧条期，经济开始逐渐好转，柏林人类学博物馆也开始了新一轮发展。在勒柯克的主持下，柏林人类学博物馆开始了扩建与改造，新建了 13 个新的展厅，全部用于"新疆艺术品"的陈列。勒柯克亲自上手设计展厅，并精心挑选了文物。他在陈列中复原了在穹窿顶上绘制有华美孔雀羽毛的克孜尔第 76 窟"孔雀窟"，获得了巨大成功。

与此同时，这批新疆文物的整理工作也在有条不紊地进行着，工作人员将 400 多个木箱逐一打开，对文物一一进行提取、整理、编号和入档工作。但由于数量实在太过庞大，直到 20 世纪 30 年代末，仍然有相当一部分文物留在箱子里没有提取。

不久之后，第二次世界大战爆发，战火在后期燃烧到了德国本土，柏林人类学博物馆的位置就在纳粹党总部的隔壁，自然成了空袭的重点目标。空袭开始后，一些尺幅较小的壁画被转入地下室保存，但原先展示出来的壁画，如克孜尔石窟孔雀洞壁画，当初因为展示的需要被固定在了石墙上，一时之间难以拆除，最后只能罩上罩子，再堆上沙袋进行保护。

战争结束后，整个人类学博物馆化为一片废墟，馆内的壁画也被摧毁殆尽。据统计，博物馆收藏的新疆文物，在"二战"期间至少损失了 40%。那些劫后余生的文物，又有一部分被苏联红军所控制，并被带回了苏联。尽管在 1978 年，苏联将部分文物归还给了民主德国，但仍有 20% 的文物至今仍被收藏在圣彼得堡国立艾尔米塔什博物馆。2006 年，专藏亚洲艺术的德国国家博物馆分馆——柏林亚洲艺术博物馆建成开放，自那以后，这批历经劫难的新疆文物成了该馆的永久馆藏。

极致的佛教艺术

尽管德国考察队只在第三次和第四次考察时到访过克孜尔石窟，但由于勒柯克等人的疯狂揭取和掠夺，大量的彩塑和壁画都被运回了德国。如今我们去克孜尔石窟参观，几乎见不到一件完整的彩塑雕像和一块完整的壁画了。那么，德国考察队在克孜尔石窟究竟盗走了多少文物，在割挖、包装和运输过程中又损坏了多少呢？这已经是一笔算不清的糊涂账了。1933年，柏林人类学博物馆公布馆藏克孜尔石窟壁画的数量是252块，共328.07平方米。出自37个洞窟。但后来经过新疆克孜尔石窟研究所在洞窟内的实际测量，得出的结论是被揭取的壁画面积近500平方米，出自近50个洞窟。

毫无疑问，这被揭取的500平方米壁画，绝大部分是德国人的手笔。略微感到欣慰的是，格伦威德尔将克孜尔石窟绝大多数有壁画的洞窟都进行了详细记录，包括画面大小、人物形象和题材等。一些重要壁画，他还绘制了相当准确的线图；一些特殊的人物、物体和场景，还绘制了局部放大线图。这就方便后来的研究者将流失的壁画放回至原有环境，进行进一步研究。

前面我们说过，格伦威德尔是西方佛教美术权威，当初他之所以迫切地想要前往新疆地区探险，主要目的就是证实新疆地区就是印度犍陀罗艺术向东亚传播过程中的关键一环。

事实证明，格伦威德尔的判断是准确的。在克孜尔石窟中，我们可以时不时看到犍陀罗艺术的影子，尤其是在造像和壁画发展的早期阶段。

所谓犍陀罗艺术，是指南亚次大陆西北部地区的希腊式佛教艺术，形成于公元1世纪，公元5世纪后衰微。其核心地区在今天的巴基斯坦白沙瓦周边地区，并辐射至东侧的塔克西拉、北侧的斯瓦特、西侧阿富汗的贾拉拉巴德与迦毕试（今贝格拉姆）地区。公元1世纪，贵霜王朝成为中亚的庞大帝国，并定都于富楼沙（即白沙瓦），在丘就却、迦腻色迦等贵霜君主的大力提倡下，发源于印度北部的佛教得到了飞跃式的发展。通过丝绸之路，佛教开始传入中国，到西域的疏勒、于阗和龟兹等地。

克孜尔石窟正是犍陀罗艺术影响下的产物。目前所知克孜尔最早的洞窟开凿于3世纪末或4世纪初，最晚则到了7世纪末至8世纪初。早期的克孜尔石窟，最常见的窟形是中心柱窟，其形制来源于印度佛教的支提窟，一般平面呈方形，分前后两室，前室大多宽敞明亮，正壁凿龛内塑坐佛一铺，龛左右开两道通向后室。后室一般较狭小，光线昏暗，正壁或凿台塑涅槃佛像。

不过，由于龟兹地区特殊的地质条件，岩石质地过于松散，工匠们不能完全仿造印度那样开凿高大宽敞的窟室，于是变印度的窣堵坡为中心柱，这样既可以起到支撑作用，又可以在石柱上雕刻造像，方便信众瞻仰，这是其在继承基础上的一大创造。

除洞窟形制外，克孜尔石窟的雕塑作品也深受犍陀罗风格的影响。犍陀罗造像的一大特点，是古希腊罗马的写实风格杂糅古老的印度艺术特点。这时期的造像特点是鼻梁高且直，与眉脊相接，鼻翼窄，嘴唇轮廓清晰，嘴角深陷，唇薄，上唇蓄有小髭，发髻呈波浪状，头后有背光，同时身披通肩袈裟，类似古罗马元老或哲人披的长方形外衣。德国考察团曾从克孜尔石窟中带走人物头像，此人物有着明显的欧式面孔，唇上画髭，头发浓密呈波浪状，具有很明显的犍陀罗风格。

克孜尔石窟第77窟，人物头像，5—6
世纪，柏林亚洲艺术博物馆藏

克孜尔石窟壁画中的人物形象也深受犍陀罗艺术的影响。第207窟被格伦威德尔称为"画家窟"，在窟内主室东壁有一执金刚神，他一手持金刚，一手持拂尘，刻画得栩栩如生。在犍陀罗艺术中，我们经常能够看到类似的武士形象，他通常带有强烈的希腊人外貌特征，须发浓密，高鼻深目，手持大棒（有时还有拂尘），并时常陪伴在佛陀身边。

执金刚神，克孜尔石窟第207窟，柏林亚洲艺术博物馆藏

有学者认为，这一形象来自希腊神话中的赫拉克勒斯。赫拉克勒斯是神王宙斯与阿尔克墨涅之子，天生力大无穷。由于不是己出，宙斯的正妻赫拉非常憎恶他，屡屡想置他于死地。为了赎罪，赫拉克勒斯完成了 12 项"不可能完成"的任务，并在途中解救了被缚的普罗米修斯，隐藏身份参加了伊阿宋的英雄探险队，并协助伊阿宋取得了金羊毛。赫拉克勒斯英明一世，但却遭到妻子误会，在他的衣服上涂了毒，导致其痛苦难耐自焚而亡。死后升入奥林匹斯山，被宙斯封为大力神。

　　由于其力大无穷的形象，赫拉克勒斯常常被视为保护神。这一特点被犍陀罗艺术借用，赫拉克勒斯转身成为护持佛陀的保护神——执金刚神。他有时在佛陀左右，有时在佛陀身后，有时又在不起眼的角落。执金刚神所持武器通常为金刚杵——这很有可能来源于赫拉克勒斯手里的大棒。另一手则持拂尘，用来为佛陀驱赶蚊虫。执金刚神形象在犍陀罗浮雕中非常常见，例如，柏林亚洲艺术博物馆收藏的一块约公元 2 世纪的犍陀罗艺术浮雕中，执金刚神就紧随佛陀身后，左手拿金刚杵，右手执拂尘，默默护持着佛陀。后来，执金刚神造像传入我国，被克孜尔石窟的工匠们借鉴、模仿。

执金刚神，约 2 世纪，柏林亚洲艺术博物馆藏

克孜尔石窟中心柱窟的前室窟门上方，通常会描绘弥勒菩萨兜率天说法图。画面中，弥勒菩萨坐姿呈交脚状，这又沿袭自犍陀罗艺术。

克孜尔石窟第 224 窟，弥勒菩萨说法图，柏林亚洲艺术博物馆藏

弥勒，是梵文"Maitreya"的音译，其含义有"慈悲"之意，所以有时也被意译为"慈氏"。根据佛经记载，弥勒原出身于婆罗门家庭，后成为释迦牟尼佛弟子，先于佛入灭，上生于兜率天内院，以菩萨身为天人说法，所以称为弥勒菩萨。又因佛陀预言，当自己入灭后，经过五十六亿七千万岁，弥勒将从兜率天下生人间，于华林园龙华树下成佛，广传佛法。据说，弥勒下生后，世界会变得异常美好，人们可以活到八万四千岁，身高八丈，女人五百岁才出嫁。由于弥勒将在龙华树下成佛，所以也被称为弥勒佛。

弥勒同时具有菩萨、未来佛和救世主三重身份，这使得弥勒在佛教的世界观中变得非常重要。但是，一开始弥勒信仰在佛教中并不突出，直到犍陀罗时期，弥勒信仰才逐渐兴起。为什么弥勒信仰在犍陀罗地区如此兴盛呢？这可能和弥勒信仰自带的"未来佛""救世主"属性与君主的政治诉求完美契合有关，君主常常被认为是弥勒佛转世，给世界带来美好与和平。

交脚弥勒菩萨这种形象的出现，就是弥勒信仰与政治社会相结合的最好注脚。目前学术界普遍认为，弥勒菩萨的交脚坐姿借用了贵霜国君主的形象。哈尔恰扬城址位于今乌兹别克斯坦苏尔汗河上游右岸迭纳乌东面，1959—1963 年由苏联考古学家普加琴科娃主持发掘。遗址中发现了一座贵霜人雕像，也是呈交脚坐姿，研究认为这可能是贵霜国王的形象。

弥勒菩萨说法，公元 2—3 世纪，欧洲私人收藏

当然，克孜尔石窟对犍陀罗艺术也不是一味的沿袭，而是在模仿中不断创新。克孜尔石窟最具特色的是用菱形方格描绘佛传故事。古龟兹工匠用蓝色和绿色，将壁面有序地划分成若干尺余见方的菱形网络，接着在每个菱形方格内，画上不同内容的佛本生故事和因缘故事。佛本生故事，指的是描述释迦牟尼前生事迹的作品，因缘故事与本生故事类似，讲的是佛门弟子、善男信女前世或今世因缘和释迦牟尼教化众生的故事。这样一种讲述方式，可以说是别具一格，仅见于以克孜尔石窟为代表的龟兹石窟中，不仅犍陀罗地区没有，中国古代其他石窟也非常少见，所以有学者称之为"龟兹模式"。

克孜尔石窟224窟，雇主室券顶菱形格因缘故事残片1，柏林亚洲艺术博物馆藏

克孜尔石窟224窟，雇主室券顶菱形格因缘故事残片2，柏林亚洲艺术博物馆藏

参考文献

[1] 戴怡添，邵学成 . 从自然探险到佛教考古：俄国考察队在新疆库车的调查工作 [J].
　　美成在久，2021（4）.

[2] 郭金荣 . 德国的四次"吐鲁番"探险 [J]. 德国研究，1999（1）.

[3] 闫丽 . 格伦威德尔与勒柯克的冲突探析——以德藏档案书信为中心 [J]. 敦煌学辑
　　刊，2023（3）.

[4] 居政骥，许建英 . 关于 20 世纪初德国到中国新疆考察旅行的若干问题——以德国
　　档案文献为中心 [J]. 中国地方志，2022（1）.

[5] 瞿炼，朱俊 . 深藏柏林的丝路瑰宝：柏林亚洲艺术博物馆藏中国文物 [J]. 紫禁城，
　　2014（8）.

[6] 赵莉 . 德国柏林印度艺术博物馆馆藏部分克孜尔石窟壁画所出洞窟原位与内容 [J].
　　敦煌研究，2004（6）.

[7] 刘韬 . 德国藏吐鲁番壁画的调查与整理 [J]. 敦煌学辑刊，2023（4）.

[8] 陈海涛 . 德国皇家吐鲁番考察队综述 [J]. 西北史地，1997（1）.

[9] 昌迪 . 俄国探险队在吐鲁番的考古考察评述 [J]. 吐鲁番学研究，2023（1）.

[10] 郑丽颖，米哈伊尔·德米特里耶维奇·布哈林 . 近代俄国和德国在吐鲁番考古领
　　　域的合作与冲突 [J]. 西域研究，2024（1）.

[11] 赵莉 . 克孜尔石窟壁画流失的历史回顾与现状调查 [J]. 新疆艺术（汉文），
　　　2018（4）.

[12] 格伦威德尔 . 新疆古佛寺：1905—1907 年考察成果 [M]. 北京：中国人民大学
　　　出版社，2001.

[13] 陆庆夫 . 中外敦煌学家评传 [M]. 兰州：甘肃教育出版社，2002.

[14] 孙英刚，何平 . 图说健陀罗文明 [M]. 北京：生活·读书·新知三联书店，2019.